El día que Dios entró al banco

Juan Diego Gómez Gómez

El día que Dios entró al banco

Una revolucionaria combinación de espiritualidad y riqueza

PAIDÓS EMPRESA

Obra editada en colaboración con Editorial Planeta – Colombia

Diseño de portada y de colección: Departamento de Diseño Editorial,
Editorial Planeta Colombiana

Bajo el sello editorial PAIDÓS M.R.
Avenida Presidente Masarik núm. 111,
Piso 2, Polanco V Sección, Miguel Hidalgo
C.P. 11560, Ciudad de México
www.planetadelibros.com.mx
www.paidos.com.mx

Primera edición impresa en Colombia: marzo de 2020
ISBN: 978-958-42-8657-4

Primera edición impresa en México: abril de 2020
Primera reimpresión en México: septiembre de 2020
ISBN: 978-607-747-917-8

Impreso en los talleres de Litográfica Ingramex, S.A. de C.V.
Centeno núm. 162-1, colonia Granjas Esmeralda, Ciudad de México
Impreso en México – *Printed in Mexico*

A todos aquellos que nacieron para SER mucho más de lo que son hoy.

Ser pobre y espiritual pareciera ser más fácil que ser rico y espiritual. Si esta última combinación supone un mayor desafío y exige una depuración interior más profunda y épica, pues que sea entonces el objetivo de este libro, que carecería de validez si no estuviera respaldado por un testimonio de carne y hueso, el mío propio. Así las cosas, que mientras más dinero tengas, más espiritual te vuelvas. Empecemos...

Juan Diego Gómez Gómez

CONTENIDO

INTRODUCCIÓN

El *día que Dios entró al banco* estaba presupuestado para "después"; mi objetivo era dejar descansar a los lectores por un tiempo, luego de haber publicado tres libros en menos de tres años, y sacar esta obra del horno al mercado más adelante. Sin embargo, una conversación en el aeropuerto El Dorado, de la ciudad de Bogotá, con directivos de Grupo Planeta, le dio un giro al asunto y terminé diciendo "sí, lo escribo, y que sea para 2020". Estando solo, en la intimidad de mi hogar, me dije: "Dios mío, ilumíname, y que yo solo ponga mis manos". Con el pasar de los años he ratificado que las casualidades no existen, que solo se presentan fenómenos que no logramos explicar en su momento y cuya conexión parece más clara con el paso del tiempo.

En este nuevo libro he querido abordar un tema trascendental y fantástico a la vez: la espiritualidad y la relación que tiene con la prosperidad y la riqueza. Muchos dirán que son temas que riñen, opuestos, y un prisma ortodoxo y hasta retrógrado, si se me apura, los podría presentar como enemigos, algo así como tener a Dios y al diablo frente a frente. Esa aproximación no solo es injusta, falsa y poco práctica, sino que carece de utilidad alguna, puesto que sería similar a decir que prefiero tener manos a tener pies, o tener olfato a poder oír. Tú y yo preferimos las dos cosas; manos y pies, olfato y audición, no una sola. ¿Por qué tener que escoger, cuando buscamos los dos términos en nuestra cotidianidad y, como lo veremos, no solo la espiritualidad y el dinero se complementan, sino que se nutren a sí mismos? Lo que no verás en este libro será una guía para conseguir dinero a toda costa, a cualquier precio, dinero por dinero, como fin único en la vida. Eso no me interesa.

Lo que quiero plantear en estas páginas es que el dinero y la generación de riqueza, cuando van acompañados con espiritualidad y propósito, son exponencialmente mejores.

En mis anteriores libros tracé caminos para que desarrolles tu potencial en la creación de riqueza. En *Hábitos de ricos* me centré en cómo encontrar un propósito de vida; en *Menos miedos, más riquezas*, en cómo dejar atrás tus miedos y convertirlos en un reto a vencer, y en *Ideas millonarias*, en cómo encontrar y aplicar ideas que se convirtieran en fuentes de crecimiento financiero. Ahora te daré pautas para que acompañes ese desarrollo con una sólida y rica vida interior, con mayor sentido y propósito, trascendiendo y convirtiéndote en un nuevo ser, más espiritual y rico. Este libro fue un gran desafío. Debí reinventarme en los últimos años para hacerlo posible y que llegara a tus manos. En 2013, por ejemplo, no habría podido haberlo escrito. Mi mayor motivación para hacerlo fue la evolución de un pensamiento propio y de una manera de vivir la vida en abundancia y riqueza, mientras crezco espiritualmente. *El día que Dios entró al banco* es el resultado de una evolución que me llevó a redefinir prioridades, acercarme y llenarme cada vez más de Dios, ver la vida de otra forma, orientarme más hacia el propósito y menos hacia el resultado. Se trataba de tener un sentido de vida trascendente y una motivación fundamentada en el "para qué", no en la fría meta de acumular dinero.

Luego del fugaz encuentro en el aeropuerto El Dorado, detonante para esta publicación, recuerdo haber sostenido una fructífera conversación con mi asesora espiritual, una valiosa mujer, psicóloga, filósofa y muy creyente en Dios, cuyo nombre mantengo en la sombra por solicitud expresa, y quien me sugirió que para lograr ese "impulso divino" o "iluminación", como suelo llamarle, escribiera desde lugares muy especiales con alto componente espiritual; que le encomendara este libro a Dios y a la Virgen cada vez que escribiera y que experimentara la eucaristía de manera diferente a cualquiera otra a la que hubiese asistido hasta el momento. En el fondo, considero que ella me quería inducir a tener vivencias que alimentaran las palabras que aquí se consagran y la inspiración suficiente para hacerlas realidad. Así como escuchamos cierto tipo de música en un gimnasio para rendir más, mi asesora deseaba que afinara el mensaje de *El día que Dios entró al banco*. Su presencia en los meses que antecedieron la puesta en escena del libro constituyó una valiosa inyección espiritual y conceptual para producirlo, motivo de agradecimiento perenne.

REFLEXIONES INICIALES

Dios es una experiencia personal. ¿Cuál científico puede negar mi experiencia con Dios? Cuando has sentido lo inexplicable, cuando has vivido momentos que rozan el surrealismo, que van más allá de simples coincidencias, y cuando de hecho estás vivo, sin que aun entiendas cómo, es difícil no creer que no haya un ser superior que mueva los hilos de todo lo que nos rodea. Yo lo llamo Dios, llámalo tú como quieras.

Es entendible que alguien pueda pensar en Dios como algo abstracto si no ha leído las experiencias místicas y reveladoras de muchos santos y conversos de la historia en sus encuentros con Él. Los leí, llevo años haciéndolo; los vi, analicé, decanté y procesé; paladeé y, con deleite, me doy por bien servido; tengo nuevos amigos, casi todos muertos, o "transformados", como prefiero llamarlos. Otros no son santos, pero sí personas que viven otra vida, mucho mejor y feliz que la que vivían; una vida con mayor sentido, una vida con propósito. Esas personas me inspiran y exigen; me ponen la vara alta, el listón del que tanto hablo en mis libros y mis conferencias, para emularlos hasta donde quiera y pueda. No soy sacerdote, ni pastor, ni filósofo, ni místico, ni nada parecido, mucho menos santo; posiblemente me conozcas, presencial o virtualmente, y lo que menos pretendo en esta publicación es que te vuelvas un creyente a la fuerza, obligado, o que empieces a creer en Dios si no quieres creer en Él.

Ahora bien, y lee esto con atención: si estás aquí, no lo llames coincidencia; estoy seguro de que tienes la inteligencia y la ambición necesarias para pensar que hay cosas que quieres aprender para vivir una vida mejor. En tal virtud, un testimonio de una persona que antes era de una forma, y hoy de otra, muy distinta, podría ser novedoso y resultarte de ayuda. Si ese testimonio es el mío, me resultará fantástico.

A título personal siento que, si Dios no existiera, "habría que crearlo para vivir la vida". Solo pensar que lo que veo y siento es una obra humana, me parece tan inverosímil como arrogante. A eso bueno que lo crea y hace posible me entrego con devoción y cabeza inclinada.

Qué gano yo con que me digan que Dios no existe si, primero, quiero y necesito que exista; segundo, lo he sentido dentro de mí, actuando y manifestándose y, tercero, cansado ya de rotular a tantos acontecimientos como simples coincidencias, he decidido poner un nombre, y ese es *Dios*. Ponle tú, repito, el que desees. Si no hay experiencia de Dios, la gente siempre pedirá razones para creer. No hay peor ciego que el que no quiere ver. En palabras de santo

Tomás de Aquino, el más famoso profesor de filosofía que ha tenido la Iglesia y, en opinión de muchos, el pensador más notable que tuvo la Edad Media: "a aquel que tiene fe ninguna explicación le es necesaria; para uno sin fe, ninguna explicación es posible".

La sábana o sudario de Turín, las investigaciones y posteriores pruebas del científico Ricardo Castañón sobre ostias que exudan sangre humana (con abundante material disponible sobre el tema en YouTube, por cierto), los milagros del padre Pío de Pietrelcina, en Italia, o el manto de Juan Diego en México, con la imagen de la virgen de Guadalupe en ella, son solo cuatro muestras que hieren de muerte a la palabra *coincidencias*. ¿Qué hubiera dicho Baruch Spinoza, ese gran filósofo holandés, cuya vida y obra estudié en la preparación de este libro, y quien no creía en los milagros, ante esos eventos? Y menciono cuatro únicamente.

Como lo afirmara Karen Armstrong en su bien documentado libro *Una historia de Dios*:

> Una de las razones por las que hoy la religión parece fuera de lugar es que muchos de nosotros ya no tenemos la sensación de estar rodeados por lo invisible. Nuestra cultura científica nos forma para dirigir nuestra atención al mundo físico y material que tenemos delante. Esta manera de mirar al mundo ha conseguido grandes logros, pero una de las consecuencias es que hemos excluido el sentido de lo espiritual o lo santo, que rodea la vida de las personas en cualquier ámbito de las sociedades más tradicionales y que fue un componente esencial de nuestra experiencia humana del mundo.

Detente por un momento en el término *amor* para profundizar en el trascendental concepto de *experiencia*; una persona que haya recibido amor, sentido y dado amor, que desde muy pequeña haya estado rodeada de amor, dirá no solo que el amor existe, sino que le resulta imprescindible. Por el contrario, piensa en alguien que no haya recibido amor y que solo el odio, la violencia y el desprecio se hayan atravesado por su vida. Esa persona dirá que el amor es una utopía en un mundo tan cruel. Cada cual hablará entonces según su experiencia; en el primer caso diremos que el amor es real, pero la segunda persona lo pondrá en duda, por decir lo menos. Igual el sol, puede ser toda una maravilla; lo puedes recordar como sinónimo de fascinantes tardes de verano en tus vacaciones, con tus amigos o familiares y en una playa. Pero ¿qué tal si lo evocas como el artífice del cáncer de piel o como responsable de una insolación en una de esas mismas tardes de verano? ¿Opinarías lo mismo sobre él?

INSPIRACIÓN

¿A quién le rinde cuentas un ateo?

Siempre me he formulado esa pregunta. Supongo que, si les pregunto a los ateos, me dirían algo así como: "a nadie tendría porque rendirle cuentas" o, si me va bien y atisbo algo de indulgencia en la respuesta ante mi venenosa pregunta, me dirían que: "a mí mismo". En uno u otro caso, ¿no hay rastros claros de soberbia allí? ¿Acaso de insuficiente información como para ser tan categóricos a *priori*? ¿Cómo que a nadie le debo rendir cuentas o solamente a mí mismo?

Entrando sin pedir permiso en el terreno de los juicios, me es difícil tragarme esas respuestas sin masticarlas previamente. Supongo entonces que esos ateos se guían solos, se justifican solos, se conceden permisos y, si nos descuidamos, quizás nos lleguen a decir que escogieron cuándo y cómo venir a este mundo, que no necesitaron de nada ni de nadie. Son esos mismos ateos, que no tienen la más mínima idea de por qué les crece el pelo o cómo diablos las uñas de hoy son más largas que las de hace una semana, los que luego te dicen que se bastan a sí mismos, que no creen en Dios, ni mucho menos en sus intermediarios terrenales. El hecho de que seas ateo no hace que

Dios deje de existir; aunque no creas en Dios, Dios no deja de ser Dios.

Llegaste a este mundo sin pedir permiso, sin que te consultaran si estabas o no de acuerdo y sin que tú pudieras siquiera intervenir. Simplemente llegaste, y una fuerza poderosa lo hizo posible; a esa fuerza poderosa la llamo Dios. Cuando te montas en un avión, ¿acaso le preguntas al piloto si durmió bien la noche anterior, o si realmente conoce la aeronave que pilotea, o si ingirió licor antes de llegar a su puesto de trabajo, o si tiene una buena visión? No, solo confías y abordas el avión. Igual ocurre cuando llegas a un hospital y el médico te opera; ¿le pides el diploma que lo acredite como profesional o le solicitas su historial de cirugías? No, solo te dejas operar, y ya. Subes a un taxi y esperas a que el conductor te lleve a tu destino; ¿o le preguntas por su licencia de conducción o su experiencia al volante? No, solo te montas. Suficiente ilustración. Si confiaste en el piloto, en el médico y en el conductor, ¿cómo no vas a confiar en lo que permitió que llegaras a este mundo sin pedir permiso, sin que lo aprobaras o intervinieras?

¿Sabes qué? De tiempo atrás me tomo muy en serio la frase que afirma: "es más importante confiar que creer"; creer solo es repetir algo que hemos oído, pero *confiar* involucra un gesto de humildad. Sí, humildad, una actitud de respeto y fe ante quien, en primera y última instancia, hará que transites por los caminos que tienes predestinados. Confiar es entregarse a los designios de Dios, confiar es amar a quien guía tu vida, confiar es autocontrol y paciencia, y saber que, en el fondo, hay un camino para ti, y que tu impaciencia no lo precipitará. Confiar es abandonarse a un poder más grande que tú; confiar es que brote de tus entrañas un acto de fe, un gesto que trasciende tu ego y mitigue la tendencia que tenemos a querer manejarlo todo, controlarlo todo. Confiar es dejarse guiar, esperar pacientemente un desenlace que será, sea o no el que tú quieras, y sin que ello signifique que te quedarás quieto y no harás tu mejor esfuerzo. Confiar es mucho más que creer. Confiar significa un abandono total de nuestra voluntad.

Una relación transaccional con Dios ante tu falta de confianza no solo es injusta, sino que hablará más de ti que de Él. ¿Qué quiere decir "transaccional"? Que solo creerás en Dios mientras te vaya bien, pero que dejarás de creer cuando te vaya mal, o algo injusto te suceda, o se demore más de la cuenta en suceder aquello que anhelas, o que el sufrimiento irrumpa en tu vida; eso es tan lamentable como absurdo. Es como si dijera que amo a alguien en la riqueza, pero dejaré de amarlo en la pobreza; ahí, ámalo aún más, pues más te necesita. Muchas personas en nuestros eventos de programación neurolingüística manifiestan: "¿Cómo no voy a estar deprimido si las cosas me han salido tan mal?", a lo que replico: "¿Y deprimiéndote te saldrán mejor?". Igual afirmo: si tu vida es un desastre y te preguntas dónde está Dios, ¿será que tu vida mejorará si no crees en Él?

José "Pepe" Mujica, expresidente de Uruguay y ateo confeso decía: "He visto que los que creen en Dios mueren más tranquilos". Mi traducción de esta afirmación es: "si tengo fe y he confiado, no estoy solo; si he rendido cuentas, si he inclinado la cabeza ante tanta maravilla de la que he sido testigo, si he dado las gracias, si le he encontrado sentido al mismo sufrimiento para que deje por ende de serlo y he hecho el bien, más allá de cualquier error o pecado cometido, moriré (me transformaré) con menor angustia y zozobra".

> **El sufrimiento es el verdadero fuego purificador que tenemos los seres humanos. Difícil cuando lo vivimos, pero necesario para avanzar. Y cuidado: no hay que aprender a sufrir; hay que aprender cuando se sufre, que es distinto.**

Pero no le tengas temor a ese sufrimiento, porque cuando te des cuenta de tu progreso en un futuro, ten la certeza de que tal avance se cocinó en las noches más oscuras, y a elevadas temperaturas, mediante el fuego del sufrimiento. Si estás atravesando por momentos difíciles, de cualquier índole, vívelos y apaláncate con ellos; aprovéchalos, que serán solo la semilla para que brote el delicioso fruto del logro y la transformación.

Muchas personas dicen que dejaron de creer en Dios cuando su madre murió, cuando su pequeña hija enfermó gravemente o cuando atravesaron por una crisis financiera que los condujo a la ruina y a no tener siquiera qué comer. ¿Qué tal si abrazamos la humildad y le pedimos a ese ser superior que nos ayude a *entender el para qué* de la muerte de esa madre, la enfermedad de la niña o la falta de dinero? Quien está con Dios nunca se siente solo. Ni en las buenas ni en las malas. Y no necesitas estar diciendo que crees en Dios por todas las cosas buenas que te ha dado, pues al hacerlo, de manera tácita estarías afirmando que cuando no te dé lo que tanto añoras dejarías de creer.

En cierta ocasión alguien me dijo: "Juan Diego, es que Dios no sabe el tamaño que tienen mis problemas", a lo que repliqué: "quizás tus problemas no saben el tamaño que tiene Dios".

Imagínate por ejemplo a ese ser humano que duda, rehén de fracasos pasados, preso de sus emociones, y quien ahora se aventura en un emprendimiento con el que ha soñado, que ama y que está en sincronía con su propósito de vida. Imagínate a ese ser que deambula trémulo, en medio de limitaciones de diversa índole, con seres tóxicos rodeándolo en su día a día y que hacen aún más arduo su transitar. Esa es la historia de un ciudadano promedio, un hijo de vecino cualquiera, seres de carne y hueso, seres de a pie, como tú y yo, con sueños y miedos; esa es la historia de un personaje moldeado por un pasado, influido por un presente y al que le espera un futuro. Esa bien podría ser tu historia. Ahora cambiémosla, démosle un nuevo aire, una perspectiva diferente. Imagínate que ya no estás solo para buscar tus objetivos y perseguir tus sueños; en medio de dudas, vacilante e inseguro sobre tus posibilidades de acierto. Imagínate que ya no eres tú solo el que galopa por caminos cuyo fin no se vislumbra, repletos de bruma y llevando a cuestas los vacíos propios de quien careció de la educación suficiente y del apoyo necesario para cumplir sus anhelos. Imagina que vas conduciendo un vehículo y que este es Dios mismo, el mejor que hubieras podido encontrar; que el destino es tu propósito de vida y al volante vas tú, confiando en que la ruta, la meta y el medio por el cual te transportas son perfectos.

Son ya tres los protagonistas. Sin un ser superior que te lleve, no hay nada; sin un piloto que acelere la marcha, sostenga su pie en el acelerador, cambie los ritmos cuando fuere necesario y sepa a dónde dirigirse, tampoco basta; y sin un destino, que es tu propósito de vida y que llene de ilusión el viaje e imponga la necesidad de apurar el paso, el recorrido sería incompleto y derivaría en cualquier puerto.

Ese es el trípode perfecto: un ser superior actuando a través de ti para que mediante un gran poder de la intención se beneficien millones de seres humanos.

Todo un trabajo en equipo, necesario, y cuyas partes se complementan. Sin el coche y el destino volverías a las dudas, a la incertidumbre, a vivir toda una quimera, una verdadera fiesta de azar y lotería. Con un equipo eres distinto, te fortaleces, te sientes seguro, te das cuenta de que no estás solo, que tu vida tiene un sentido, que la fuerza y la magia que requieres para escalar las más altas montañas te pertenece, hace parte de ti, está tatuada, impregna tu ser y ningún obstáculo pareciera ser muy grande para impedir tu logro. Experimentar lo anterior es posible; yo lo he hecho, lo hago cada vez con mayor frecuencia desde que "volví a nacer" y por supuesto muchos seres humanos también lo hacen. Es sentirse asistido por el mejor vehículo, es estar inspirado por el mejor destino, es contar con la tranquilidad de conciencia de que, al vivir con un objetivo noble y trascendente, el desenlace será conocido.

Y no hablo solo de objetivos de vida y sueños por cumplir. Ese triunvirato de un ser superior, tu mejor versión y un propósito de vida, te ayudará también a superar miedos y erradicar defectos. Si ya no existe el odio en mi vida, si el autocontrol se convirtió en una práctica habitual y me es cada vez más fácil perdonar, no es por mérito propio. Algunos de los mayores saboteadores que tenemos los seres humanos son precisamente esos tres demonios: el *odio*, que acumulamos y que hace metástasis en muchos aspectos de nuestra cotidianidad; la *falta de autocontrol*, que nos lleva a ser irascibles y viscerales, monigotes de nuestras emociones; y la *dificultad para perdonar*, que nos convierte en seres duros de corazón, piedras que respiran, inflexibles y resentidos. En nuestros eventos de programación neurolingüística escucho con frecuencia cosas como estas: "Mi padre abusó de mí cuando era una niña y no he podido perdonarlo"; "Mi pareja me engañó y arruinó mi vida, ¡cómo no voy a odiarla!"; "Mi socio me estafó; se llevó mi dinero; ¿cómo pretendes que lo perdone?". Lo primero que les digo es que no soy nadie para juzgarlos; ni a ellos que me dicen cosas como esas ni a quien las hizo, y que solo me mueve una triple intención: por un lado, que recuerden que, si odias, te descontrolas o no perdonas, el problema no es del otro, sino tuyo, pues eres tú el que carga a diario con él. Quien te causó dolor ni se entera en muchas de las ocasiones de que lo odias, te descontrola o que aún no lo has perdonado. ¿Te parece justo entonces contigo mismo que, además de lo que te tocó vivir, sigas cargando con equipajes tan pesados como los del odio, el descontrol y la falta de perdón? Con semejante peso a cuestas, nadie avanza rápido. Segundo, ¿qué tal si cambiamos las palabras que usamos, y en vez de decir "me engañó", decimos que aprendimos a no confiar tan fácilmente? ¿Que no digamos "me estafaron", sino más bien que nos enseñaron a estar mejor informados y ser más prudentes de ahora en adelante? ¿Que en vez de manifestar que "me hirieron" o "me causaron dolor", seamos ahora conscientes de que nos hicieron seres más fuertes y resistentes? Puede que eso no te resuelva todo el problema, pero te ayuda, y a mí me ayudó. Tercero, la estocada final para erradicar el mal solo la brinda el amor. El perdón es una gracia divina. Necesitamos invocarla para que nos ayude; ser humildes, ser más grandes que el problema, más grandes que quien cometió la falta; perdona a quien te ofendió, pero hazlo por ti, no solo por el otro. Ama por ti, no solo por el otro; contrólate por ti, no solo por el otro.

Eres tú quien sana; tú no eres el responsable de sanar al otro. "¿Y por qué debo hacerlo yo, Juan Diego, si fue otro quién cometió la falta?". Porque la cita en el Olimpo la tengo contigo, no con el otro, a quien ni conozco.

Tú no vas a cambiar al otro; te vas a cambiar a ti mismo, para ver diferente al otro. Con otros ojos; con los ojos de

la grandeza, del amor, con los ojos de quien trasciende lo que le pasa, porque sabe que todo pasa.

Lo que te acabo de describir, y que brota desde mi corazón, supera cualquier razón; una vez más, se trata de una experiencia de vida, de pedir asistencia, de invocar a Dios, de tener la humildad y grandeza para reconocer que no podemos hacerlo todo solos y que hay retos tan grandes que requieren un trabajo compartido.

Este libro pretende mostrar, entre otras cosas que estoy seguro te serán de utilidad, la gratitud que hay que tener con ese ser superior que nos permite respirar, amar, perdonar, hablar, oír, leer, escribir, y mil verbos más. Por más creación interior que haya, por más superhombre que exista, en palabras de Friedrich Nietzsche, filósofo alemán, pensamos, hacemos y decimos lo que se nos permite. Gratitud entonces por disponer de tantas cosas que la vorágine del día a día no posibilita valorar y paladear.

Como buen lector que soy, y para brindarle a este libro el rigor que tú mereces, podrás imaginar que fueron decenas los libros leídos, muchos de filósofos y religiosos, y cientos los videos que vi sobre espiritualidad, fe, conversiones, milagros, abundancia, testimonios, y sin vacilación alguna puedo afirmar: Un lamentable maridaje de ingratitud e ignorancia define la conducta de aquellos pseudofilósofos que, arropándose con los vestidos de una irreverencia que les sobrepasa por definición, niegan o desconocen la existencia de un creador; ese mismo que les permite hablar, escribir e imaginar; ese mismo que hizo posible que nacieran, respiraran y blasfemaran, sin asomo de sonrojo. Ninguno, por sí solo, habría hecho posible siquiera algo de lo anterior. ¡Oh, ingratitud infinita!; ¡Oh, vanidad! ¡Oh, arrogancia! Cuánto más vociferan, menos se les oye; su tácita autoproclamación de grandeza y hechura propia queda eclipsada por la inmensidad de quien nos permite ver, con ojos que apenas valoramos, semejantes muestra de nimiedad y miopía. Igual los respeto y de todos aprendo.

La fuente

Nada más sorprendente que lo que ves; lo creado; el universo mismo, con el ser humano haciendo parte de él. El latido del corazón, la tierra que gira, el amor, el milagro del perdón, la brisa que golpea tu rostro. ¿De dónde salió eso? ¿Quién hizo eso? Lo que haya sido; quien haya sido, merece mi devoción. Sentir a Dios en todo momento es como estar inspirado siempre. Al entregarme a un ser superior, solo terminaré haciendo lo que ese ser superior quiere que haga y tiene preparado para mí. Esa misma fuerza que permite concebir la vida, contemplar un amanecer o crecer a una flor, sabrá adonde llevarme. Es confiarme a Él. Ni la más grande e importante de las empresas, bien sea que produzca carros eléctricos, envíe cohetes al espacio, permita comprar en línea o diseñar los más sofisticados teléfonos o robots, se compara con las obras de la creación; las que vienen dadas, aquellas por las que nos maravillamos a diario y por las que no debemos pagar un solo dólar. El funcionamiento del cerebro, por ejemplo, no ha podido ser explicado en su totalidad en más de veinte siglos. Y ahí está, funcionando y permitiéndote leer este libro. Me rindo ante lo que lo produjo; soy reverente ante lo que permita que funcione. No puedo dudar de un destino; de algo superior; de una fuerza inexplicable que invoco para llenarme de confianza y sentir que comulgamos, que estamos unidos, listos para actuar. A esa fuerza no le he sido fiel siempre. Quizás por mi pasado; por arrogante, por ignorante, por inmadurez o por todas las anteriores; fui egoísta y me creía autosuficiente, como si por más capaz que fuese, pudiera hacer solo todo lo que debo hacer.

Hoy, con más años encima de los que tienen el promedio de mis lectores, te escribo de corazón lo siguiente: Dios existe, lo necesitas y te busca. Si ya lo sabías, bien por ti; si no, te invito a repensar esa posibilidad. Como bien lo dijera Ricardo Castañón, ese gran científico boliviano, ateo hasta los 44 años, y quien demostró científicamente que la exudación de sangre humana de ostias era cierta, lo que provocó su conversión: "Un ateo es solo un ignorante de la dimensión espiritual".

Hoy necesito con deseo ardiente sentir a Dios en mi vida y no soy ni místico, ni santo, ni pastor. Cuando rezo, oro, abrazo, doy un consejo, ayudo a un ser humano a encontrar su propósito de vida, o cuando estoy en un escenario, me lleno de Él, y no hay mayor placer que vivirlo. No me siento solo; no estoy solo; estoy guiado por Alguien infinitamente superior a mí. Ese ser superior, actuando a través de mí, con una intención noble, servir a los demás, solo terminará generando algo bueno. Cada vez lo tengo más claro.

De ti solo se espera lo que tú esperes de ti. Si no esperas nada, no esperaremos nada; si lo esperas todo, todo lo esperaremos. Dime cuál es tu confianza en ti mismo; dime cuál es tu esfuerzo, tu determinación para esculpirte como un grande partiendo de poco, y te diré si nos hacemos o no ilusiones contigo.

Dime qué tantos méritos haces para que brote tu genio; dime qué tan cerca estás de agradar a ese ser superior que habita en ti; dime qué talante posees para superar un pasado difícil y ser inmenso, mucho más inmenso, de hoy en adelante, que es al final de cuentas lo que esperamos. Quiero oírte. Lo que oiga, hará que crea o no.

¿Quieres saber de la grandeza de un ser humano, quieres precisar su alcance en el tiempo? Muy simple; pídele que se defina a sí mismo. De acuerdo con su definición sabremos qué esperar. Ningún accidente se producirá, ningún súbito arrebato, sin mérito, emergerá de tu interior. Aquello que los tibios llamarán coincidencia, otros lo llamaremos brillo, genio y luminosidad. Esa majestuosidad, de la que gozarán aquellos beneficiados por tu ser y tu grandeza, no será fruto del libre albedrío o surgirá por mera generación espontánea; no, más bien, será una feliz consecuencia de lo que se cocina en su interior; de esa mixtura excelsa de un ser lleno de buenos propósitos, imbuido de grandeza, y la presencia de otro ser, superior, la fuente de la que hablamos, que habita en él y que lo ilumina y guía adonde debe llegar. Pocos están conscientes de la magia que poseen; pocos están tocados por la locura y el genio que se presenta para volverse inmortales; pocos dan fe y sirven de testimonio ambulante del binomio ser y ser superior.

Levitarás cuando sientas en ti que una fuerza se apoderó de tu destino. No serás tú, sino otro, mucho mejor, quien deambule por los caminos de la verdadera trascendencia. No habrá miedo alguno, pues hay fe por doquier y, al tenerla, sientes que todo tiene sentido y que los resultados ya no solo dependen de ti. Serás guiado.

Cuando leí *Autobiografía de un Yogui*, de Paramahansa Yogananda, por cierto, uno de los libros preferidos de Steve Jobs, cofundador de Apple, me sorprendió el nivel de iluminación al que llegaba el Yogui con sus ejercicios de meditación. Tú no necesitabas estar ahí para ser testigo del placer que producía, la luz que brindaba, la presencia del espíritu en ese ser. Ni siquiera en mis años más locos, cuando le concedemos tanta importancia a los sentidos, y a lo que llamamos "vivir la vida", son comparables con el gozo y la plenitud que Yogananda experimentaba y transmitía por medio de sus escritos. Éxtasis total; sientes que no necesitas nada más. Es posible que me conozcas; no estoy loco ni me "la fumé verde"; no tengo una iglesia, ni necesito devotos ni diezmos. Lo que me mueve es que te sientas más inspirado en cada momento de tu vida para que vivas lo que yo vivo y te conviertas en un inspirador ambulante; alguien fascinante que las personas añoren volver a ver, que derrame sabiduría con su mensaje y coherencia con su ejemplo. Son pocos los iluminados, muchos los despistados. Seres que van de aquí para allá; sin propósito definido ni magia alguna. Seres que no impactan en la vida de nadie, ni trascienden.

Alguien me dijo en cierta ocasión que yo parecía un pastor, y que los que me aclamaban y vitoreaban semejan "una secta"; a lo que respondí: "lo tomo como halago y no como ofensa" (que era lo que quizás pretendía quien me lo dijo); solo le sugiero añadir algo: no me diga *pastor*; llámeme "el pastor de la abundancia", pues amo esa palabra y es lo que quiero en su versión material, emocional y espiritual para todos mis seguidores.

Hoy lo digo con orgullo: estoy lleno de Dios. Las reacciones del video sobre la importancia de Dios en mi vida en nuestro canal de YouTube, Invertir Mejor, fueron múltiples. La inmensa mayoría a favor; una minoría en contra. Respeto a quienes no creen, pero me siento orgulloso de creer en un Dios, y en un Dios hecho hombre, Jesucristo. No creer porque no se ve es como decir que el amor o la felicidad no existen porque tampoco se ven, ni se pueden tocar o partir con un cuchillo, tal y como se parte un pastel de cumpleaños. Basta abrir los ojos para ver que hay un espíritu superior al hombre. Como bien lo dejara entrever Albert Einstein, "todo hombre de ciencia, en la medida en que fuese involucrándose en su actividad, más debería reconocer la presencia de un espíritu superior al del hombre como factor determinante en las principales leyes del universo".

Inspiración y propósito

¿Para qué dinero si no eres mejor ser humano que ayer; para qué dinero si no les ayudas a los demás; para qué dinero sino eres más feliz con él; para qué dinero si careces de un propósito de vida; para qué dinero si no trasciendes?

Imagina que mueres, ves a lo lejos tu velorio. ¿Te gusta lo que ves? ¿Te sientes orgulloso de ello? ¿Era lo que querías que ocurriera cuando partieras? ¿Te lloran y añoran millones de seres humanos a quienes les transformaste su vida o nada de ello pasa?

Si tú eres de los que dices: "para qué estas reflexiones si ya estaré muerto", te invito a que te cuestiones, a que seas muy autocrítico y te preguntes por la calidad de vida que llevas y la nobleza y tamaño de tus ideales. Una auténtica vaca púrpura, un ser extraordinario, diferente, como lo mencionado en mis anteriores libros, va más allá de una mera transformación física cuando pasa de estar vivo a lo que la mayoría refiere como "estar muerto". Una vaca púrpura deja un legado y se ilusiona frente a los efectos que este pueda tener. Una vaca púrpura no se vuelca solo al afán de lo inmediato, sino que con sus actos imprime su sello y procura una consecuencia de largo aliento en ellos.

Hay tres fuerzas poderosas que te ayudarán a dar *saltos cuánticos*, entendiendo por esto aquellos progresos rápidos, abruptos, antípodas del progreso gradual o paso a paso. La primera fuerza es la de un ser superior iluminándote, al que le rindes cuentas, amo de todo y que tiene un destino para ti y que te ayudará a conseguirlo.

Una segunda fuerza, los referentes, mentores virtuales o de carne y hueso, maestros de vida, seres que han transitado por los caminos que tú quieres, auténticos ejemplos de transformación y modelos a emular. Robert Greene, uno de mis autores favoritos, dice en su libro *Maestría*, y a propósito de los mentores:

> La vida es corta, y limitado tu tiempo para aprender y crear. Sin orientación, podrías perder años muy valiosos tratando de alcanzar práctica y conocimientos en fuentes diversas. En vez de esto sigue el ejemplo de los maestros a lo largo de los siglos y busca el mentor adecuado. La relación mentor-protegido es la forma de aprendizaje más eficiente y productiva. Los buenos mentores saben dónde dirigir tu atención y cómo desafiarte. Su conocimiento y experiencia se vuelven tuyos. Ellos hacen inmediatos comentarios objetivos sobre tu trabajo, lo que te permite mejorar más rápido [...] Mediante una intensa interacción personal, asimilas una manera de pensar de gran poder y susceptible de adaptar a tu espíritu individual [...] Elige el mentor que mejor satisfaga tus necesidades y responda a tu tarea en la vida. Una vez que hayas interiorizado sus conocimientos, sigue adelante; no te quedes a su sombra. Tu meta debe ser siempre superar a tus mentores en brillantez y maestría [...] Esos mentores son maestros que han sufrido por naturaleza para llegar donde están. Quienes han experimentado críticas

> interminables a su trabajo, dudas sobre su progreso, reveses a lo largo del camino [...] Estos individuos saben por experiencia propia lo que se necesita para llegar a la fase creativa y más allá. Como mentores, solo ellos pueden medir el grado de nuestro progreso, las debilidades de nuestro carácter, las ordalías que hemos de recorrer para poder avanzar. Hoy en día tienes que recibir de tu mentor la más aguda dosis posible de realidad. Debes buscarla y aceptarla con gusto. De ser factible, elige un mentor famoso por ofrecer ese tipo de afecto severo. Si tu maestro se resiste a dártelo, oblígalo a sostener el espejo que te reflejará tal como eres. Haz que te lance los retos que habrán de revelar tus fortalezas y debilidades y permite obtener la máxima retroalimentación posible, por dura de aceptar que sea. Acostúmbrate a la crítica. La seguridad en ti mismo es importante; pero si no se basa en una evaluación realista y lo que eres, no pasará de ser ampulosidad y presunción. Gracias a las observaciones realistas de tu mentor, con el tiempo desarrollarás una seguridad mucho más sustancial y valiosa de poseer.

Y la tercera fuerza poderosa para dar saltos cuánticos: tu mejor versión, lo mejor de ti, tu ser esencial. Esa fuerza necesaria para hacer de la maestría del minuto a minuto, que destacaba en *Ideas millonarias*, una realidad; esa fuerza que habita en ti, a la que Dios acompaña, que el universo entero clama, para que nadie se prive de ella. Ten presente esas tres fuerzas, acógelas y abrázalas al máximo, con devoción y fe; con tenacidad y disciplina.

En ocasiones me pregunto: ¿Por qué estoy escuchando programas de espiritualidad, varias veces al día y tomando notas de ellos? ¿Qué hago yendo a la iglesia, a misa de nueve de la mañana, un día martes, cuando antes, ni los domingos eran de misa obligada para mí? ¿Qué pasa con mi vida, si hoy evito que por mi mente se atraviese un pensamiento tendiente a odiar o a juzgar a alguien? ¿Por qué puedo hablarle a una persona de su pasado y de su situación actual, con un buen nivel de precisión, si nunca había hablado con ella? Lo anterior no debería sorprenderme, ni a ti tampoco, si no estuviera revestido de un precedente bien diferente: hasta hace algunos años mis conversaciones gravitaban alrededor del dólar, las acciones y el futuro crecimiento económico para la región. Hoy, aunque me sigue interesando cada uno de esos temas, mi actuar y mis prioridades distan mucho de ellos. Me siento diferente; los años y las experiencias de vida no han transcurrido en vano; no puedo decir que soy mejor o peor, pero tengo la certeza en afirmar que me siento mejor. Y que el mérito no es mío. Simplemente se coló alguien mucho más grande que yo en mi transitar diario. Simplemente, se despertó en mí una necesidad que trasciende mi ego, que supera mis apetitos materiales y los objetivos que hasta hace un tiempo tenía. Estoy más confiado en el destino, porque sé que será el que ese ser superior tenga para mí. Me apuro menos, he reducido la impaciencia y en algunas ocasiones miro por encima sucesos que hoy considero triviales, pero hasta ayer trascendentes; eventos a los que solía darles una importancia inmerecida. Evoco en este instante a ese gran filósofo chino, Lao Tse, quién sostenía: "Cuando dejo ir lo que soy me convierto en lo que debería ser". Hoy siento que no hago las cosas solo; siento que mi caminar es guiado, siento que Dios actúa cada vez más en mí, que se apodera de mis actos y que incluso me tiene en este momento escribiendo con una fascinante sensación de espiritualidad, que agradezco y que aspiro a que crezca.

Viktor Frankl, autor del inspirador libro *El hombre en busca de sentido*, da cuenta, a través de un desgarrador ejemplo, que la realidad puede superar a la ficción; que lo que nos ocurre es tan estremecedor en algunos casos, que cualquier pesadilla parecería ser solo un inocente juego de niños a su lado. En cierta ocasión, Frankl se encontraba en una gélida noche, de esas que acompañaban a los campos de concentración de los nazis durante la Segunda Guerra Mundial, al lado de un compañero que tenía una terrible pesadilla. Frankl se preguntó si debía o no despertarlo; tras pensarlo bien, decidió no hacerlo, pues se dijo a sí mismo: "por terrible que sea la pesadilla, no será peor que volver a la realidad que vivimos". Así han sido las condiciones de grandes seres humanos que han llenado de brillo las mejores páginas de la historia; personas que se han aquilatado al fuego; hijos del dolor, la tragedia, el esfuerzo; hijos del no futuro; seres que sin embargo encontraron en la llama purificadora del sufrimiento, el medio para desarrollar un propósito de vida. Y como bien lo citara el mismo Frankl: "el sufrimiento deja de serlo cuando tiene un sentido".

Quienes "levitamos" con un propósito de vida, esa motivación nivel 10 que destaco desde *Hábitos de ricos*, no queremos descansar más de lo debido, ni dormir más de 6 horas diarias, ni retirarnos, ni mucho menos jubilarnos o esperar con estoicismo y fe una pensión que nos provea el gobierno. No le pidas que duerma mucho a quien lleva una vida fascinante; lo que vive es mejor que el más dulce de los sueños. Así como Frankl prefirió no despertar de su pesadilla a su compañero de cautiverio, tú no detengas el vuelo de quien apenas despega.

Los que viven una vida mágica, extraordinaria, una vida con propósito y quienes se constituyen en una verdadera apología del modo hervir, esto es, ese estado de exuberante energía y actitud, con el que te sientes listo para comerte el mundo, y que también destacábamos en mis anteriores libros, poco piensan en descansar. Dormir es un castigo, una indeseable interrupción del clímax, cuando lo que se vive es magia. Si dudas de que alguien viva así, te invito a vencer tus miedos para que esa vida también te pertenezca.

Si crees en un ser superior e invocas constantemente su presencia para que te acompañe por cualquier ruta, en cualquier momento, a través de cualquier pensamiento y en pos de cumplir con ese propósito de vida, estarás imbuido de una sensación indescriptible, que ninguna palabra del idioma español podría definir. Todo tendrá un sentido; todo tendrá un para qué; todo será motivo de gozo; la respiración de tu hijo al dormir, sentir cómo su corazón late, oír el canto de un pájaro al amanecer, deleitarse con una puesta del sol; sentir el ruido de la lluvia, disfrutar de una genuina sonrisa. Todo lo que en un día cualquiera obviaría un ser normal e intrascendente es motivo de regocijo para una persona extraordinaria, púrpura como la llamamos en *Hábitos de ricos*, *Menos miedos, más riquezas* e *Ideas millonarias*.

No tener claro un para qué o propósito hace que las tentaciones para destinar recursos a malos negocios aumenten y que el tiempo se desaproveche. He sido testigo de estafas a personas incautas que, debido a no tener su propósito de vida claro ni saber invertir en él, entregan sus recursos a terceros que, con la promesa de brindar altas rentabilidades, los captan sin pudor alguno. Si mi propósito de vida está claro, invierto en él. Si mi propósito de vida está claro, no hay actividad más rentable ni que produzca mayor satisfacción que invertir en ella. Por el contrario, cuando el desespero aflora y no sabemos cómo pagar nuestras deudas o las cuentas del mes, somos proclives a caer en negocios fraudulentos como los esquemas ilegales de captación de dinero. Una bitácora u hoja de ruta debe acompañar las decisiones de un buen inversionista.

Asumir riesgos no es lanzarse a un tren en movimiento para ver si sobrevivo o no. Asumir riesgos, ni más ni menos, es la feliz decisión que se toma tras mirar los pros y los contras de un negocio.

Ese rigor suele desaparecer en personas con poco criterio para tomar decisiones de inversión como también en aquellos que, al no tener claro el sentido de su vida, entregan su dinero al primer postor, como si los billetes que tuvieran en las manos simplemente les quemaran.

De muchas estafas que vemos por ahí nos habríamos librado, si el rigor, en vez del afán por el dinero rápido, conseguido ilegalmente, hubiera sido la constante. Y ten presente esto: no pienses que los estafados son personas inescrupulosas, corruptas o malas. Todos tenemos tentaciones; somos seres de carne y hueso que, con mayores o menores valores, más o menos información, altos grados de escolaridad o ninguno, nos vemos inmersos en situaciones que hemos atraído o provocado. A ti no te estafan, tú te dejas estafar (y, por favor, jamás se te ocurra decir que si te estafaron "fue porque Dios lo quiso"). A ti no te engañan, tú permites que lo hagan. De igual manera, a ti no te roban tu dinero, tú lo entregas a quien no debes, o lo inviertes en lo que no corresponde.

Abundancia

Dios es rico, es abundancia. Qué más abundante que su amor, su corazón, su generosidad, su lenguaje poderoso e inspirador. Qué más abundancia y riqueza que todo lo que ves con tus ojos: el cielo, las montañas, tus hijos, el agua. La oración es un poderoso instrumento para ponerse en contacto con un ser superior que nos ilumina y ama. Hablaremos de ella más adelante. Cuando oran por ti estás protegido. En presencia de un ambiente de profunda espiritualidad te sientes asistido, iluminado y en apertura total para que la realidad mágica de la cual hablaba Wayne Dyer se presente. Somos seres en construcción, no tareas terminadas.

Abrirse a la abundancia, decía Eckhart Tolle, quien escribió entre otros libros *El poder del ahora*,

> es también dar sin tener mucho. Es estar preparado para recibir más; si no vives y sientes la abundancia antes de conocerla, jamás la conocerás. Nuestra propia definición de lo que somos determina cuáles han de ser nuestras necesidades y las cosas a las cuales les atribuiremos importancia en la vida; y todo aquello que nos parezca importante, tendrá el poder de perturbarnos o perfeccionarnos. Pues la abundancia viene de tu estado interior [...]. Reconocer lo que ya tenemos es la base de la abundancia. Si tú reconoces la abundancia que te rodea, solo estarás estimulando la abundancia que te invade. Mira

el sol, el aire, las sonrisas, las personas, los árboles, la luna, el espacio, las estrellas. Todo ello es abundancia y no tienes que pagar nada, solo siéntela y al estar consciente de ella, más la atraerás [...]. Cuando tú ríes o le regalas tu mejor sonrisa a un extraño, una sonrisa de corazón, estás dando; así como das, es muy probable que tengas a cambio una sonrisa. La abundancia y la escasez son solo estados mentales, recuérdalo, que se manifiestan en la realidad.

Hemisferio derecho

Me gusta ver videos y leer libros de pintores y escultores, y tener reuniones con ellos. Conocerlos es abrirse a un mundo creativo, mágico e irracional. Te preguntarás por la relación de ese tema con la espiritualidad y el dinero. Toda. Puro hemisferio derecho; salirse del molde, ser más sensible, creativo, irracional, y tener más ideas de negocios y nuevas actitudes, ser un verdadero irreverente, un atrevido. En cierta ocasión le dije a una conocida escultora colombiana, Mónica Ramírez, ante una obra que me presentó en su casa: "no hay nubes blancas en la noche"; ella, con gran tacto y discreción, me dijo: "las hay en mi mente". El hemisferio izquierdo de mi cerebro, cuadriculado y racional, pretendía juzgar una obra realizada con el hemisferio derecho. Hoy visito galerías, sigo cuentas de arte, tengo amigos artistas, veo muchos videos de arte e invierto en arte. Influyen en mí Picasso, Beethoven, Mozart, Renoir, Dalí, Páez Vilaró y Gustav Klimt, quien merece un comentario aparte, y para citar solo algunos artistas; pero también corre por mi cuerpo la influencia de referentes financieros como Napoleon Hill, Warren Buffett, T. Harv Eker, Anthony Robbins y Robert Kiyosaki. Y podría hablar de más inspiradores en otros frentes como las letras, la filosofía y la espiritualidad; pero no me quiero extender más cuando intuyo que el mensaje está claro: atreverse a salir de esa parcela mental que nos hemos impuesto a nosotros mismos y a la que muchos erróneamente llaman vida; arriesgarse a pensar distinto, a verlo todo diferente, hacer lo que no es común. ¿Cómo? siguiendo referentes como los ya citados y muchos otros; personas que a pulso esculpieron su historia y delinearon sus vidas sin importar las críticas de los demás o "el qué dirán" o incluso pasando por situaciones difíciles y de escasez. Tus ingresos tienen que ver con lo que provocas en los demás y nada extraordinario provocarás si quieres ser igual que todos, no lo olvides.

Gustav Klimt

Klimt es una apología a la irreverencia, a lo no convencional. Algunas de sus obras fueron auténticas declaraciones de guerra; como aquella llamada *A mis críticos*, que posteriormente se denominó *Peces dorados*. En ella, Klimt pintó a una mujer con su trasero desnudo, una verdadera herejía para la época. Klimt fue un irreverente que desafió el *statu quo*; se atrevió a ir más allá de los convencionalismos y prejuicios que gobernaban la Viena de la segunda mitad del siglo XIX y comienzos del siglo XX. La hipocresía vienesa se agrietó ante las pinturas del pintor erótico. Hay algo bien interesante en la obra de este artista austriaco, como lo expresa Gilles Néret en su libro *Klimt*:

> a medida que aumentaba su reconocimiento y que sus pinturas iban teniendo un mayor valor, pagado por industriales y miembros de la alta burguesía, que deseosos de ver a sus esposas retratadas o pintadas por él deci-

> dían contratarlo, se convirtió en un artista más libre y audaz; su creatividad e ingenio podían ser plasmados en el lienzo sin ambages y tapujo alguno, ya que el dinero no le faltaba ni le era escaso. No pintaba para comer sino para expresarse, tal y como sentía que debía hacerlo. En cierta ocasión dijo: "no me pidas que hable de mí mismo puesto que las palabras me eluden; permíteme que mi obra hable por mí".

He afirmado antes que tu nivel de ahorro es proporcional a tu nivel de irreverencia. Si necesitas para comer, estarás a merced de los dictámenes de una sociedad con frecuencia hipócrita, que teme ir más allá y que es presa del deleznable "qué dirán" los demás; una sociedad que muere como carbón, esquivando siempre el hacerlo como diamante. Klimt, proveniente de la clase baja, vierte en su trabajo la irreverencia a la que conducía su progresiva salud económica. Llegó a ganar fortunas por sus cuadros, que adornan hoy importantes museos del mundo. Sus comienzos no fueron halagadores y aquí destaco su gen púrpura para emanciparse: provenía del eslabón más bajo de la sociedad vienesa del siglo XIX. Durante su juventud, debió vivir al vaivén de la salud financiera de su padre; cuando este tenía trabajo, una vivienda decente les era posible; pero cuando su padre quedaba desempleado, tenía que vivir en los suburbios de la ciudad, allí donde vivían inmigrantes, obreros y desempleados. Este pintor, insinuante, fascinado por las mujeres y que las ha dibujado en sus distintas facetas, y en muchas ocasiones sin pudor alguno, fue un adelantado para su época. Pintó a la mujer con todo su esplendor y belleza; su irreverencia y genio se hizo incontables veces manifiesto, como cuando por ejemplo pintó el vello púbico de la mujer de color rojo; un auténtico escándalo para la época y para la convencional crítica, que atormentada, pero a la vez deseosa de probar sus límites, lo llenó de diatribas, y al hacerlo, aumentó su fama.

Muchos no se dedican a su verdadera pasión por miedo a la incertidumbre financiera o a no poder cumplir con los compromisos económicos adquiridos. Por ejemplo, dedicarse a leer y a escribir por temor a dejar un trabajo fijo, en el que el salario o pago quincenal o mensual llega como intercambio por el tiempo dedicado a trabajar. Es el miedo a no tener dinero y a perder lo poco que se ha logrado adquirir el que se impone como obstáculo para desarrollar una pasión verdadera, innata, ya que se desconoce si llegará el mismo dinero para cumplir lo que se adeuda o necesita. De otro lado, hay quienes se arriesgan y no tienen miedo de perder lo material si no tienen dinero, porque "ya se verá qué pasa" o "porque Dios no nos abandona" o porque "Dios proveerá". Mi sugerencia es contundente en este particular: "Ora como si todo dependiera de Dios; pero trabaja como si todo dependiera de ti". Es algo así como "ayúdate, que yo te ayudaré".

¡Quién dijo miedo!

Humildad

Qué palabra. Qué grandeza. Qué reto practicarla, vivirla y tatuársela, no solo en la piel, sino también en el corazón. Por mucho tiempo la humildad me fue esquiva. Hoy, le pido a Dios que me ayude a tenerla. Que cualquier logro importante venga acompañado de más humildad; que el vaso nunca rebose agua; que siempre haya espacio para más. Que no deje de valorar las pequeñas cosas, de dar gracias, de continuar siendo accesible para cualquiera. John C. Maxwell decía a propósito de la humildad:

> Tú puedes construir una casa hermosa, pero tarde o temprano se derrumbará. Puedes desarrollar una carrera espectacular, pero llegará el día en que termine. Puedes ahorrar una gran suma de dinero, pero no te la podrás llevar a la tumba. Puedes gozar de una salud excelente, pero con el tiempo empeorará. Puedes enorgullecerte de tus logros, pero alguien te superará más adelante. Mucha gente invierte su vida entera en estas cosas; pero la verdad es que todas son transitorias. Solo existe alguien que perdura en lo que tú puedes invertir: la gente.

Riqueza es mucho más que tener dinero. Hay pobres soberbios y ricos humildes. La pobreza a la que se refería Jesucristo, por ejemplo, es la humildad; la necesidad de Dios. Él no hablaba de carecer de lo necesario para vivir.

¿Qué haces con la riqueza?, he ahí lo importante. Riqueza para inspirar, donarla a causas nobles, darte gustos, que tu familia viva bien, crear empleos, servir; eso está bien. No riqueza para acumular y atesorar; esa no es riqueza; es solo tener más dinero.

Tú puedes tener dinero y no ser rico; o carecer de dinero y ser rico. Soberbia sin logros es ignorancia; humildad con logros es grandeza. Siempre deja un espacio para saber que puedes mejorar; cuando estás verde creces y cuando estás maduro te pudres. Mantente ávido por aprender y descubrir; por ello, la verdadera grandeza consiste en que el tamaño de tus logros no sea mayor que el tamaño de tu humildad, y en estar consciente de que mientras más hagas más te darás cuenta de todo lo que te falta por hacer. El filósofo Immanuel Kant afirmaba que "el hombre, en presencia de lo sublime, se hace consciente de su pequeñez y aprende a ser humilde". No siempre tuve claro esto, hoy sí; es mi carta de navegación y, al mismo tiempo, mi polo a tierra, cuando mi ego se crece de manera transitoria. Ahora bien, en este particular es necesario destacar que solo el paso de los años te brinda la sabiduría para discernir entre un logro y un atisbo; aquello que parecía grande en tus años juveniles se ve más pequeño cuando unos ojos más experimentados son los encargados de juzgar ese logro. Así, una de las máximas favoritas en este particular sigue estando vigente: cuando mires hacia atrás y te concentres en todo lo que has hecho no harás más que ver crecer tu ego; si por el contrario miras hacia delante con humildad, vocación de grandeza y espíritu de mejoría, siempre descubres que todo estará por hacerse.

El Evangelio de san Lucas, con el rico vestido de púrpura y Lázaro, el pobre, es contundente frente al tema de la humildad:

> Que la riqueza material nunca te lleve a sentirte lleno. Que tengas hambre y sed de Dios. Que la riqueza no te lleve a olvidarte de Dios. Al cielo no se llega saciado; y no tiene que ver con el dinero, sino con tener hambre y sed de amor, de justicia, de Dios. Ser justo con el pobre; nada debe saciar la necesidad de Dios. Cuando hay vacío de Dios se busca saciar o compensar como no es; placeres y materia. Ocúpate del pobre, del triste, del deprimido, de quien está solo. Danos hambre y sed para buscarte más, Señor.

Ten siempre presente que viniste a servir, con humildad y siendo generoso:

> Los ríos no beben su propia agua; los árboles no comen sus propios frutos. El sol no brilla para sí mismo; la noche no se ahorra la luna y las flores no esparcen su fragancia para ellas. Vivir para los demás es una regla de la naturaleza. La vida es buena cuando tú estás feliz; pero la vida es mucho mejor cuando los otros son felices por causa tuya.

Nuestra naturaleza es el servicio; razón tenía quien afirmó que "quien no vive para servir, no sirve para vivir". O como bien lo citara Ralph Waldo Emerson, uno de mis filósofos preferidos:

> no seas un cínico, ni un quejumbroso, ni un llorón. Omite declaraciones negativas. No te desperdicies en el rechazo, no le ladres a lo malo, más bien cántale a la belleza del bien. No dejes de hacer algo que pueda ayudar a alguien. Una de las hermosas recompensas de la vida es que ningún hombre puede brindar ayuda sincera a un semejante sin ayudarse a sí mismo. Ayudar al alma joven, dar energía, inspirar esperanza y avivar la llama de un carbón encendido; redimir la derrota con ideas nuevas y acciones firmes; esto, aunque no es fácil, son las obras del hombre divino.

La cereza del postre: en cierta ocasión, mi asesora espiritual me dijo: "no te creas todos tus triunfos; dale la gloria a Dios, que sin Él no los habrías logrado".

Oración

Aprendí a vivir la oración en años recientes; antes rezaba, no oraba; son conceptos diferentes. Rezar es recitar de memoria, y no siempre consciente, una oración, como el padrenuestro o el avemaría, por ejemplo. Orar es distinto; es sentir la presencia de Dios más viva o, como diría santa Teresa de Ávila: "Orar es hablar de amor con quien me ama". Oro todos los días, varias veces al día; orar me brinda paz, tranquilidad; me limpio por dentro, doy gracias y le pido a Dios que me ilumine y que me permita sentirlo más. No le pido que me ayude a conseguir una mansión en La Florida u otro coche de lujo. Eso sí, le pido a Él y a la virgen de Guadalupe que me ayuden a impactar la vida de millones de seres humanos; inspirarlos, y que no me muera (o transforme) sin hacerlo realidad. Ayudarlos a salir de una depresión; a encontrar su propósito de vida; a mejorar las finanzas de sus familias, a tener mayor autoconfianza, a eliminar miedos, en fin, a que me ayuden con todo ello a través de la presencia del Espíritu Santo en mi vida, esto es, el espíritu de Dios. Amo a Jesucristo y a la virgen de Guadalupe y me encomiendo a ellos. He estudiado a santa Teresa de Ávila con esmero. Los cuatro grados de la oración que ella explica son un faro para comenzar. Me ha hecho bien conocerlos. Como ella lo dijera:

> El inicio con dificultad; orar sin muchas ganas o convencimiento; en el segundo grado empiezas a disfrutar de la oración y sientes que la necesitas; el tercer grado es cuando ya Dios empieza a hacer todo, actúa en ti; orar ya es fácil y tu alma se embriaga de Dios; el cuarto grado es el que alcanzan los santos y al que Santa Teresa comparaba con el agua de la lluvia sobre el jardín; la acción de Dios envuelve y domina la persona.

Emerson afirmaba que:

> La oración mira hacia el exterior y demanda una ayuda externa que venga a través de algún poder fuera de uno, y se pierde en el laberinto sinfín de lo natural y de

lo sobrenatural, de lo medianero y milagroso. La oración particular, que busca comodidad, es cualquier cosa menos buena, es viciosa. Oración es la contemplación de los hechos de la vida desde el más elevado punto de vista. Es el soliloquio de un alma contemplativa y jubilosa. Es el espíritu de Dios, que proclama sus buenas obras. La oración, como medio para conseguir un fin particular, no tiene sentido y es ladrona. Supone dualismo, y no unidad, entre la naturaleza y la conciencia. Cuando el hombre llega a hacerse uno con Dios, ya no pide. Verá entonces una oración en toda acción.

San Agustín partía de una convicción:

Antes que nosotros hayamos buscado a Dios, Él nos amó como padre, para unirnos a Cristo, y animados por el Espíritu Santo. La oración jamás debe combinarse en una contemplación inerte y estéril que halague mi deseo de religiosidad sin transformar mi corazón y mi situación. Por tanto, hay que pedir al espíritu el don de la fortaleza para discernir su voluntad y realizar propuestas evangélicas. Se trata de ir construyendo, poco a poco, con la gracia de Dios, mi fidelidad plena a su voluntad. Solo el amor profundo a la palabra y a Cristo lo pueden explicar.

Estos 10 consejos prácticos de san Agustín para realizar una oración profunda me han sido también de mucha utilidad al empezar a orar:

Primero, llama con tu oración a la puerta del Señor; pide y vuelve a pedir si es necesario. Difiere darte lo que quiere darte para que más apetezcas lo diferido. Segundo, Dios tiene más ganas de dar que nosotros de recibir. Tiene más ganas Él de hacernos misericordia que nosotros vernos libres de nuestras miserias. Tercero, la oración que sale con toda pureza de lo íntimo en la fe se eleva como el incienso desde el altar sagrado. Cuarto, si la fe falta, la oración es imposible; cuando oremos, creamos y oremos para que no nos falte la fe. La fe produce la oración, y la oración produce la firmeza de la fe. Quinto, cuando nuestra oración no es escuchada es porque pedimos sin estar bien dispuestos para la petición; también porque pedimos mal, con poca fe o sin perseverancia o con poca humildad; por último, porque pedimos cosas malas o que por alguna razón no son convenientes para nosotros. Sexto, Dios quiere que por nuestra oración se acreciente la capacidad de desear, para que así nos hagamos más capaces de recibir los dones que nos prepara. Séptimo, apartar nuestra mente de las preocupaciones y quehaceres diarios y que nos distraen de Dios. Octavo, que no falte la oración continuada. Orar es mover con el ejercicio continuo del corazón aquel a quien suplicamos. Noveno, haz tú lo que puedas, pide lo que no puedas y Dios te dará para que puedas. Décimo, todo se contiene en el padrenuestro. La oración, según San Agustín, es un don de Dios que hay que escogerlo, y abrir el corazón para poder recibirlo.

Altruismo, compasión y generosidad

¿Acaso no es mejor ayudar a quien tiene dolor, para que deje de sentirlo, que sentirlo juntos? La sociedad ve con buenos ojos que seamos empáticos; que, al estar en los zapatos del otro, en la piel del otro, lo entendamos y compartamos lo que siente. Mi apreciación es que esa forma de interactuar con los demás no es la mejor ni la más saludable si se trata de ayudarles. Si alguien siente dolor, y por mandato, apariencia, costumbre, o por convicción misma, yo también lo siento, seremos dos los que tengamos dolor. Si por el contrario le ayudo a quien tiene dolor, con unas palabras, con un testimonio de vida o con mi simple compañía, ya no serán dos los que experimenten el dolor, sino ninguno quien lo sienta. Con el amor se gesta la fuerza de la compasión. El enamorado siempre ve lo mejor del otro y de la vida. Si el odio no existe en tu vida y prima el amor, siempre tendrás la opción de extraer lo mejor de cada situación. Ahora bien, si la compasión es una emoción que nos hace humanos, también deberá ponérsele razón. Razonar es lo más útil. No todo se traduce en dar dinero. Hay que preguntarse cuál es la ayuda correcta, ya que una persona podría relajarse y llevar a cabo su mínimo esfuerzo cuando tiene quien la sostenga de manera indefinida, esto es, quién se compadezca de ella y pague sus gastos mensuales.

Matthieu Ricard es una autoridad en el tema de la compasión; he tenido la oportunidad de leer sus obras y de escucharlo. Su libro, *La ciencia de la compasión*, me fue de suma utilidad. Ricard fue considerado en su momento como el hombre más feliz del mundo por parte de la Universidad de Wisconsin; es francés, biólogo, investigador y se convirtió en monje budista. Al respecto de la compasión afirma:

> Claro que puede haber altruismo; he sido testigo de familias alemanas albergando judíos, asumiendo riesgos y sin contraprestación alguna, durante la Segunda Guerra Mundial. Si hay egoísmo cuando se da algo (para sentirse bien consigo mismo), qué importa ese egoísmo si el fin lo justifica. Mira siempre lo que te sucede, con el ojo de la conciencia, ya que las cosas pasan; solo pasan; no son buenas ni malas, eso lo calificamos nosotros, son adjetivos puestos. Recuerda que no tiene sentido alguno ser ricos si no somos felices. El dinero debe ser usado o invertido de forma tal que acelere la felicidad, y la felicidad es una capacidad; tu estado mental interno y la forma de experimentar lo que pasa es la clave para ser feliz. Querer la felicidad del otro es el fin del altruismo y sabiduría es alejar todo pensamiento que te debilite.

El demonio no es solo promiscuidad, crimen, vicios, violencia; el demonio se hace presente cuando le cortas con tu palabra las esperanzas a la gente y no piensas en ella. Si no das una limosna, da tiempo, consejos, escucha, sana, haz reír, pero da. Hay muchos más suicidios de los que crees, puesto que hay muchas maneras en las que vas acabando con tu propia vida poco a poco; cuando odias, juzgas, hieres, te estás suicidando lentamente; solo que cuando finalmente te transformas (mueres) dicen que tuviste un infarto o que tu cáncer hizo metástasis y ya no fue posible remediarlo. Emerson sostenía, sobre el tema que nos ocupa, que

> otra suerte de oraciones equivocadas son nuestros pesares. El descontento es la necesidad de confianza en uno mismo, es una enfermedad de la voluntad. Compadécete de las desventuras de los demás y ayuda, si puedes, al que sufre; si no puedes, atiende a tu propio trabajo y comenzará a ser reparado el mal. Nuestra simpatía o compasión con el que sufre es justamente la base. Nos acercamos a quienes lloran desesperadamente y nos sentamos y clamamos por hacerles compañía, en lugar de hacerles conocer la verdad y la salud con una ruda descarga eléctrica, poniéndolos de nuevo en comunicación con su propia razón.

Buda, por su parte, y lo revela Karen Armstrong en su libro *Buda*:

> estaba convencido de que la compasión le daba acceso a la persona a dimensiones de su humanidad hasta entonces desconocidas; el alcance de su benevolencia no omitía a ningún objeto viviente, bien fuese una planta, animal, demonio, amigo o enemigo. "Solo cuando aprendemos a vivir desde nuestro corazón y a sentir el sufrimiento de los demás como si fuese el nuestro propio, nos

> volvemos verdaderamente humanos", sostenía. Donde un hombre o una mujer bestializados anteponen su propio interés, una persona espiritual aprende a reconocer e intenta aliviar el dolor del otro. Un Buda no es sencillamente el que ha alcanzado su propia salvación sino aquel que puede empatizar con los sufrimientos de las personas a pesar de haber alcanzado personalmente la inmunidad al dolor [...] Al haber alcanzado el Nirvana en vida, Buda había revelado un nuevo potencial existente en la naturaleza humana. En este mundo de dolor era posible vivir en paz, control y armonía con uno mismo y en consonancia con el resto de la creación. Pero para acceder a esa inmunidad tranquila, un hombre o una mujer tenía que liberarse de su egoísmo y vivir enteramente para los demás.

El Dalai Lama no se apartaba de lo afirmado por Buda en cuanto a los peligros de pensar primero en sí mismo que en el otro. Decía en *El libro de la alegría* que

> una mentalidad demasiado egocéntrica solo provoca sufrimiento. La compasión y el interés por el bienestar de los demás es una fuente de felicidad. Cuando centramos nuestra atención en otra persona, y en eso consiste la compasión, mi propio dolor se vuelve incluso menos intenso. Así es como funciona la compasión, he incluso repercute a un nivel físico.

¿Riñe, acaso, la compasión con el progreso?, me pregunto.

Entender y ponerme en la piel del otro para ayudarle a llevar una tragedia o soportar un dolor tiene tanto de noble como de peligroso. La compasión es fuente de felicidad si ayuda a cambiar

una situación de manera estructural y definitiva, no si solo sirve para paliar una vicisitud de forma transitoria.

Si lloramos los dos y continuamos igual, no es trascendente. Servir de paño de lágrimas o prestar mi hombro para que allí recline su cabeza el desvalido no me deja de parecer limitado, por decir lo menos. Podrían sonar muy fuertes mis palabras y anunciarse una reciedumbre de corazón. Quienes me siguen en redes sociales y han leído mis libros saben que no patrocino la debilidad, y menos para fungir de "muy humano". Humano es resucitar a alguien que más parecía un muerto en vida, dándole la mano para surgir de nuevo; humano es pronunciar la palabra necesaria para no perder el horizonte ni la perspectiva; humano es sacudir y agitar las mismas entrañas y costuras de quién se niega a ver todo el bosque que se tiene al frente, por limitarse a contemplar el árbol que la inmediatez evidencia; humano es fortalecer al que estaba débil, inspirar al deprimido, "resucitar al mismo cadáver"; humano es perdonar. Eso es ser muy humano; lo otro, llorar con el que llora, y quedarse quietos viendo cómo se hunde el barco diciendo que eso es "compasión", ni me resulta prioritario ni me colma de felicidad.

En *El libro del perdón* se nos dice: "sin perdón, permanecemos atados a la persona que nos ha hecho daño. Estamos atados a las cadenas del rencor, atados juntos, atrapados. Hasta que podamos perdonar a la persona que nos ha herido, esa persona tendrá la llave de nuestra felicidad, será nuestro carcelero. Al perdonar, recuperamos el control sobre nuestro destino y nuestros sentimientos. Pasamos a ser nuestro propio libertador". ¿Sabes?, eso sí que me parece humano; eso sí que es compasión: no odiar al otro por lo que hizo, no seguirlo juzgando, no cargar con ese pesado morral del odio al que ya me he referido, no llevar a cuestas ese resentimiento hasta mi sepulcro. Esa es la verdadera compasión, eso sí que es ser humano.

Solo debo agregar: lo importante no es lo que te pasa a ti, sino lo que pasa en ti.

El silencio

"Para la mente que está quieta, el universo entero se rinde", dijo Lao Tse. Tú no debes estar hablando siempre, ni chateando siempre; refúgiate en el silencio para ver más de lo que ves; sentir lo que hasta hoy no sientes; pensar en lo que te ha sido esquivo. Navegar en las profundidades de ti mismo, para limpiar "la maleza" y sanar tus emociones, es una práctica fantástica. Si siempre estás hablando, ¿a qué horas piensas? Y, si no piensas, ¿a qué horas crearás algo? Al respecto del silencio, encontré en YouTube las fascinantes palabras de María Faustina Kowalska, una santa polaca:

> ¿Cómo pretendes escuchar a Dios y conocer lo que Él quiere decirte si estás inmerso en medio de tanto ruido que hay a tu alrededor? En los momentos en que sufro mucho trato de callarme, porque desconfío de la lengua, que en esos momentos es propensa a hablar de sí misma, en lugar de servirme para alabar a Dios por los beneficios y dones que me han sido proporcionados. Cuando recibo a Jesús en la santa comunión le pido con fervor que se digne a sanar mi lengua, que no ofenda con ella ni a Dios ni al prójimo; deseo que mi lengua alabe a Dios sin

cesar; grandes culpas se cometen con la lengua; un alma no llegará a la santidad si no tiene cuidado con su lengua. La lengua es un órgano pequeño, pero hace cosas grandes; para poder oír la voz de Dios hay que tener la serenidad en el alma y observar el silencio; no un silencio triste sino un silencio en el alma. El recogimiento en Dios. Se pueden decir muchas cosas sin interrumpir el silencio. Si las almas quisieran vivir en el recogimiento, Dios les hablaría enseguida ya que la distracción sofoca la voz de Dios. En los sufrimientos del alma o del cuerpo todo trato de callar, porque entonces mi espíritu adquiere la fortaleza que viene de la pasión de Jesús. Delante de mis ojos siempre tengo su rostro doloroso, insultado y desfigurado. El silencio es una espada en la lucha espiritual; un alma platicadora no alcanzará la santidad. El alma silenciosa es fuerte y ninguna contrariedad le hará daño si persevera en el silencio. El alma silenciosa es capaz de la más profunda unión con Dios y vive casi siempre bajo la inspiración del espíritu Santo. En el alma silenciosa Dios obra sin obstáculos. El espíritu Santo no habla a un alma distraída. Habla a un alma recogida. Los labios callados son oro puro y dan cuenta de la santidad interior. El silencio es un lenguaje tan poderoso que alcanza el trono de Dios viviente. Jesucristo decía: "calla cuando no quieran reconocer tu verdad, porque así eres más convincente".

Ambición

Desde mi punto de vista, Jesucristo fue el más ambicioso de todos los hombres; era intenso, estaba lleno de fuego por dentro para salvarnos y alimentarnos con su amor; difundió un mensaje, y no limitó su alcance; no permaneció al lado de María, su madre, arando o en trabajos domésticos, mucho menos ayudándole a José, su padre, con la carpintería, labores artesanales y otros quehaceres. Tenía que llevar su palabra al mundo, tocar corazones; se quedó en un pedazo de pan para alimentarnos de Él; "Yo he venido a prender fuego sobre la tierra; y ojalá ya estuviera ardiendo", afirmaba, con lo que ello implica; el fuego destruye el pecado, arrasa, facilita la conversión del ser humano, ilumina; el fuego es el espíritu. Jesucristo era puro *modo hervir* y la antítesis del conformismo.

El conformismo es tan peligroso que se constituye en una razón o causa de peso para distanciarse de Dios. Tú buscas lo que te hace falta o crees que te hace falta, ¿cierto? Si te falta dinero, lo buscas; si te falta alimento, vas tras él. Si no buscas más a Dios, es porque crees que no te hace falta y que, tal y como estás, estás bien. Pero ahí está el problema. ¿Qué es estar bien? ¿Revisamos tu vida? ¿Tus logros? ¿Tus resultados? ¿Tu trascendencia? Oh, sorpresa. Quizás has hecho poco frente a lo que puedes hacer; creías haber hecho mucho, y no es así, y eso mismo me ocurre a mí también (todavía me falta todo por hacer, y aspiro a estar lleno de Dios para lograr mucho más de lo que he logrado con su ayuda). Seguramente me dirás: "¿y es que, si me acerco a Dios, o si experimento lo que significa Dios y me lleno de Dios como tú dices, Juan Diego, me irá mejor?". No lo sé; ni quiero que lo busques "para que te vaya mejor", pero hay algo claro: sin Dios no te iba tan bien como creías; y no me limito a números o resultados tangibles como más dinero, más amigos, más negocios o más seguidores; no, por favor; hablo de cómo se dan tus resultados, qué clase de ser humano eres, qué provocas en las demás personas, en síntesis, cómo ha sido tu proceso. Puedes ser feliz *sin* Dios y feliz *con* Dios, eso está claro; pero serás *más* feliz con Dios. ¿Por qué? Porque no estarás solo NUNCA, y eso no es poca cosa; tendrás a quién rendirle cuentas, alguien que no te castigará ni te juzgará, alguien que te seguirá amando y que, por ser todopoderoso, ya te puso la vara muy alta con el ejemplo, para que al menos lo emules, como hijo de Él que eres, y lo hagas sonreír con la vida que lleves. Si no tienes a quién rendirle cuentas, vivirás una vida anárquica, creyendo, con segura autocomplacencia, que todo lo que haces está bien o si no lo está, igual te lo perdonarás para no complicarte la vida. Eso no es sabiduría, es libertinaje.

Hay muchos ambiciosos en la historia de la humanidad que desarrollan un proyecto con locura; la famosa Madre Teresa es un ejemplo; ¿cuántos hospitales ayudó a construir en la India? La expansión de las hermanas de la caridad por todo el planeta da fe de su ambición; crear una comunidad que viera el dolor de Jesús en los pobres. Ella sabía que lo que cada pobre sufría, lo sufría también Jesús; aliviar ese dolor fue su misión. Su fuego era el fuego de Jesús. La ambición nunca es el problema, por el contrario, sin ella no se cumple con una causa noble, épica, trascendental. El problema es el egoísmo, la mezquindad, el afán personal a costa del interés y derechos de los demás. ¿Ambición para cuál fin? Esa sería la pregunta indicada.

Tanto en Cristo como en la Madre Teresa, su pensamiento fue grande; su causa fue noble; otros han sido igualmente ambiciosos, pero pensando solo en sí mismos y anteponiendo su ego, vanidad e intereses. Tus metas no pueden ser dinero, poder y estatus; probablemente acabarás mal si así fuere. Si tus metas son otras, centradas en servir desde el corazón, tendrás dinero, poder y estatus, y no habrá nada de malo en ello. El cómo es importante. El dinero es una consecuencia, no una meta; el dinero es un medio para lograr ayudar a otros, no un fin en sí mismo; Pablo Escobar, "El Chapo" Guzmán, y otros narcotraficantes, eran ambiciosos y tuvieron mucho dinero, pero ¿cómo terminaron?; Hitler y Napoleón, lo propio; pero ¿cómo fue su fin?

El problema no es el dinero; el tema es el sentimiento frente al dinero. Podemos querer el dinero; que nos guste el dinero; pero que no sea el centro de nuestras vidas. El objetivo tiene que ser escribir un libro para ayudar; no escribirlo para comprarse un avión con las regalías. Tu meta no debe ser material; incluso, si lo que más quisieras fuera dinero, no lo busques con desespero, pues más esquivo te será. El dinero huele el desespero y termina pareciéndose al arte de conquistar; muéstrate evidente y demasiado obvio, y te esquivarán; aumenta tu indiferencia y harás que aumente el deseo de quien buscas. Hay que vaciar el corazón de apegos a lo material; al tener espacio libre, un corazón es albergue para que en él ingrese una mayor espiritualidad.

Tú no debes sentir que una abundancia material ya no haga necesaria la presencia de Dios en tu vida; por el contrario, tu mayor muestra de espiritualidad se evidencia cuando más bienes materiales posees y, aun así, eres humilde, solidario y preocupado por los demás.

En una crisis, como en una turbulencia aérea, es muy fácil invocar y necesitar a Dios; clamamos por Él en la enfermedad, en la muerte de un ser querido, en una ruptura sentimental, en una cárcel y en una quiebra económica. Ahí todos somos espirituales, en mayor o menor dosis. Pero ¿lo somos en la opulencia, cuando estamos bien y en apariencia nada nos falta?

Jesucristo estaría feliz en hogares de ricos que hayan hecho bien a la humanidad; tú puedes coexistir con la riqueza siendo humilde de corazón y grande en generosidad y actos. El papa Francisco, considerado una persona muy humilde, no se fue del Vaticano durante su papado, un lugar en el que abundan la riqueza y la opulencia. Mateo fue llamado por Dios; y los recaudadores de impuestos solían tener mucho dinero. Lo que tenemos que hacer es mucho más de lo que hacemos. Preguntémonos si lo que hacemos tiene alguna retribución o damos sin esperar nada a cambio. Los niveles espirituales más altos se logran cuando se tienen los niveles de desapego más elevados.

Riqueza material y espiritual pueden coexistir; lo que no es sostenible es la evolución espiritual en un cuerpo que se aferre a lo material y lo tenga por prioridad.

Síguele la pista al corazón y pregúntate qué haces por los pobres, y no solo por ellos; por tus empleados, por tu familia. Tienes tiempo, dinero, conocimiento, oportunidades y experiencias de vida; eso también lo puedes compartir.

Hay que lograr un equilibrio entre tus anhelos y las necesidades de los demás. Si suben tus anhelos, que suba tu ayuda. ¿Compraste más camisas? Regala las que no te pongas. ¿Tienes un seminario muy exitoso? Otorga lugares a quienes lo merezcan y hoy no puedan pagarlos, o crea un incentivo para que quienes ya asistieron se beneficien al referir a más personas. Amor y ambición combinadas; coctel perfecto de grandeza. Llénate de amor y tu vida tendrá sentido; tatúate la ambición y nunca te esquivarán nuevos logros, o en palabras de Johann Wolfgang Von Goethe, poeta y novelista alemán: "El amor y el deseo son las alas del espíritu de las grandes hazañas". Los actos bondadosos nos hacen sentir mejor y generan energía positiva en nuestro organismo: ser agradecido y generoso es saludable. Mientras que, si eres negativo o pesimista, egoísta y envidioso, generas malas vibraciones. En mis conferencias, invito a expresarse: quién eres, y verbalizarlo, en voz alta, para que el mundo se entere. Si no lo dices, por timidez o vergüenza transitoria, al menos siéntelo, aprópiate de esa confianza y actúa en consecuencia. Igual con hacer el bien; si quieres ser anónimo y ayudar, hazlo; pero ayuda, y sirve a muchos más de los que estás sirviendo, con amor, entrega y abundante ambición.

Spinoza sobre el deseo y la ambición

Baruch Spinoza, ese gran filósofo del siglo XVII, brinda un fantástico análisis del deseo, sintetizado por Frédéric Lenoir en su libro *El milagro Spinoza*, y que comparto plenamente. Decía: "El deseo es la esencia del hombre". Una de las ideas más importantes de Spinoza era el *conatus*, es decir, el esfuerzo que hacemos para perseverar y crecer dentro de nuestro propio ser. Es el motor de toda nuestra existencia, que nos empuja a sobrevivir y aumentar nuestra potencia de existir. Esto lo complementa con el deseo, ese apetito y fuerza que nos hace buscar conscientemente tal o cual cosa.

> Mediante el *conatus*, su naturaleza le empuja sin cesar a desear. El deseo no tiene en sí mismo nada de malo, más bien al contrario, no desear nada invita a apagar la llama de la vida, aniquilar toda potencia vital, deshumanizarse. Y esa fuerza natural, esa potencia vital, fuente de todos nuestros deseos, es lo que cimienta la virtud y conduce a la felicidad [...] El fundamento de la virtud es el esfuerzo mismo por conservar el propio ser y la felicidad consiste para el hombre en poder conservar su ser. La razón no solamente no se opone a esa potencia vital natural, sino que la acompaña para que pueda expresarse con plenitud. La sabiduría no consiste, pues, en restringir el impulso vital, sino en apoyarlo. Tampoco consiste en reducir la fuerza del deseo, sino en orientarlo. La razón no solicita nada contra la naturaleza; pide que cada uno se mire a sí mismo, que cada uno se ame a sí mismo, que busque lo único que hay en su interior, es decir, aquello que le es útil de verdad, y que desee todo aquello que conduce realmente al hombre a una perfección mayor [...]

La sabiduría de Spinoza es muy distinta de aquellas que consideran al deseo como una carencia, tal y como lo hizo Platón (quien sostenía entre otras cosas que la pobreza no llega por la disminución de la riqueza, sino por la multiplicación de la ambición), o como un afecto indiferente, los estoicos, o algo que hay que disminuir, como los tradicionales ascetas, a causa de las distracciones y los apegos que proporciona. El deseo no expresa una carencia, sino una potencia, le responde Spinoza a Platón. No es peligroso por sí mismo, solo si está mal orientado, y, sobre todo, no hay que suprimirlo, sí dirigirlo y encauzarlo mediante la razón. Querer suprimir o disminuir el deseo es reducir la potencia vital del ser humano, es buscar, en nombre de un ideal sobrehumano, arrebatar uno de los fundamentos de su humanidad. La renuncia al deseo no es una virtud para Baruch Spinoza, sino una disminución de la potencia de ser, que conduce más a la tristeza que a la alegría. Se debe aprender a encausarlo hacia personas o cosas que aumenten nuestra potencia y nuestra alegría, en lugar de disminuirla. Spinoza estaría de acuerdo con la mayor parte de las grandes corrientes de sabiduría filosófica de la antigüedad, como el epicureísmo o el aristotelismo: hay que llevar al deseo mediante la razón y la voluntad, y reorientarlo hacia los bienes verdaderos, que elevan al hombre en vez de rebajarlo. Spinoza afirma que la razón y la voluntad no bastan para hacernos cambiar. Por importantes que sean, no poseen la fuerza que, por sí sola, puede sacarnos de una pasión mala, un apego destructor o una dependencia. La única fuerza que verdaderamente puede hacernos cambiar es el deseo. Ahí sí que tenemos una potencia: el cuerpo y el espíritu capaces de movilizar todo nuestro ser para llevarlo a cambiar; allí donde la razón y la voluntad, ligadas exclusivamente al espíritu, pueden revelarse impotentes. El deseo moviliza la totalidad de nuestro ser, mientras que la razón y la voluntad solo movilizan nuestro espíritu. Por eso la razón necesita los sentimientos para conducirnos a la sabiduría. Spinoza afirma esta verdad fundamental:

> Un sentimiento solo puede ser contrariado o suprimido por otro sentimiento más fuerte que el sentimiento a con-

> trariar. Así, no se suprimirá un odio, una pena o un miedo simplemente razonando, sino haciendo surgir un amor, una alegría, una esperanza. El papel de la razón consiste por tanto en encontrar una cosa o una persona susceptible de despertar en nosotros un sentimiento positivo, mayor que el afecto negativo que nos sumerge en la tristeza y, por lo tanto, capaz de despertar un nuevo deseo.

Dejo de fumar cuando me detectan un cáncer de pulmón y el deseo de vivir supera el placer de fumar; dejo la infidelidad cuando el deseo de conservar mi hogar y la pareja que quiero eclipsan el placer transitorio de un *affaire*; abandono mi temor al sufrimiento cuando descubro su fuego purificador; renuncio al deseo de comer dulces o harinas en exceso cuando descubro otro placer mayor: una mejor salud, más disciplina y un abdomen plano, sin mencionar el gozo de vencer a tu voz limitante (la que suelo llamar Matilde en mis libros *Hábitos de ricos*, *Menos miedos, más riquezas* e *Ideas millonarias*, al igual que en las conferencias). Suficiente ilustración; dejas de hacer algo porque surge un deseo mayor, se presenta el deseo, y complementa la razón.

Como lo siguiera expresando Frédéric Lenoir, biógrafo de Spinoza, "por mucho que una persona que sufre de una adicción razone y se diga 'soy desgraciado, tengo que parar, me estoy destruyendo y estropeando mi vida', eso no le proporcionará el impulso decisivo que le haga liberarse de esa situación de dependencia". Spinoza quería ayudar a descubrir un afecto positivo que empuje a la persona a liberarse de esa dependencia: enamorarse, ocuparse con alegría de alguien, descubrir una pasión por una actividad cualquiera, entre otras. Estamos muy lejos de una moral del deber basada en la represión de la afectividad, el deseo y los instintos. La gestión del deseo se convierte en la clave de la felicidad y de la plenitud.

Friedrich Nietzsche, en su libro *El crepúsculo de los dioses*, y a propósito del deseo y la ambición, afirma lo siguiente:

> Dícese en el nuevo testamento respecto de la sexualidad: "si tu ojo es para ti ocasión de una falta, arráncalo". Felizmente ningún cristiano obra según este precepto. Destruir las pasiones y los deseos solamente por causa de su bestialidad y para prevenir sus desagradables consecuencias, no parece hoy otra cosa que una forma aguda de la necedad. No admiramos más a los dentistas que arrancan las muelas [...] La primitiva Iglesia luchaba, como se sabe, contra los "inteligentes" y a favor de los "pobres de espíritu". ¿Cómo podía esperarse de ella una guerra inteligente contra la pasión? La Iglesia combate las pasiones por la extirpación radical: su práctica, su tratamiento, es la castración. No se ha preguntado jamás: "¿Cómo se espiritualiza, embellece y diviniza un deseo?". Su disciplina la ha dirigido siempre hacia el exterminio... de la sensualidad, de la fiera, del deseo de dominar, del de poseer y vengarse. Pero atacar a la pasión en su raíz es atacar a la vida en la suya; la práctica de la Iglesia es perjudicial a la vida.

Más sobre la ambición y el deseo

En la otra orilla del análisis, descansa una mirada muy diferente a la que dio Spinoza sobre la ambición, que él llamaba *deseo*; una mirada asceta, que ni disfruto ni comparto, y que, por justicia con el lector, presento. Es la mirada de Buda y de quien Karen Armstrong afirma en su libro *Buda*:

> La autoconciencia hizo que Buda fuese extremadamente sensible a la frecuencia del deseo y la avidez, que son las causas del sufrimiento. El ego es voraz y continuamente quiere engullir otras cosas y personas. Casi nunca vemos las cosas tal y como son en sí mismas, sino que nuestra visión se haya matizada por el hecho de si las queremos o no, por cómo podemos conseguirlas o por cómo pueden sernos provechosas. Nuestra visión del mundo está, por consiguiente, distorsionada por nuestra ambición y, a menudo, eso lleva a la mala voluntad y la enemistad cuando nuestros deseos chocan con los deseos de otros. De ahí que Buda siempre asociara el deseo con el odio. Cuando decimos quiero, a menudo nos sorprendemos a nosotros mismos embargados por la envidia, los celos y la rabia si hay otras personas que se interponen en nuestros deseos o triunfan ahí donde nosotros hemos fracasado.
>
> Esos estados mentales son inhábiles o no provechosos porque nos llevan a ser más egoístas que nunca; el deseo y su concomitante, el odio, son por tanto las causas conjuntas de gran parte de la miseria y el mal del mundo. Por una parte, el deseo nos lleva a aferrarnos a cosas que nunca pueden darnos una satisfacción duradera. Por otra, nos hace estar permanentemente descontentos con nuestras circunstancias presentes. El desapego es una de las claves de la doctrina budista. La persona iluminada no se aferraba, ni siquiera se acogía, a las enseñanzas que gozasen de mayor autoridad. Todo era transitorio y nada perduraba. Hasta que sus discípulos no reconocieran esto en cada fibra de su ser no conseguirían alcanzar el Nirvana.

Personalmente considero que nadie llega a ser rico, de corazón y mente, por haber nacido "nadando en billetes", sino porque entendió para qué conseguirlos y dio las gracias por hacerlo. Hay una distancia grande entre una historia épica, de transformación, y un nacimiento en cuna de plata. No es solo cómo recuperarse de una pérdida o fracaso; es cómo recuperarse después de un éxito. Tener los pies en la tierra, el estómago vacío, fuego en el corazón, hielo en la cabeza y la mirada en el cielo. ¿Cuántos no ganan algo y se caen o enloquecen o no volvemos a saber de ellos? Eso no es leyenda; una leyenda gana y sigue ganando, y, aun así, es todos los días más humilde.

No sigas comprando la "ancestral" idea de que solo se progresa paso a paso. El progreso paso a paso es una apología al conformismo. Es un progreso exaltado por seres que solo piensan en números finitos, cuando la cocción a altas temperaturas y el arribo del genio que se invoca le permiten al hombre elevarse hasta el infinito. Ser generoso paso a paso, no; ser bueno paso a paso, no; ser ambicioso paso a paso, no. ¿Por qué todo despacio o paso a paso? ¿No es eso conformismo o resignación cuando sabemos que podemos dar saltos mayores a través de motivaciones nivel 10 en nuestra vida, mejores hábitos y una creciente autoexigencia?

La enfermedad como fuente creativa

En mi diccionario púrpura, un pequeño libro en el que redefino muchas de las palabras con las que no estoy de acuerdo o a las que les doy otro significado más estimulante y ambicioso, la palabra *enfermedad* significa: reto a vencer y sanación espiritual. Como tú, he sido testigo de notorios progresos materiales, emocionales y espirituales, en personas a las que se les ha detectado una enfermedad grave. Asimismo, no son pocos los casos en los que la detección de una enfermedad se constituyó en el detonante perfecto para hacer algo, acelerar la marcha y dejar un legado.

La enfermedad es sinónimo de urgencia, de tiempo limitado, de oferta escasa y, cuando ello ocurre, la velocidad para producir hechos se acelera, puesto que el tiempo se agota.

Que Mozart hubiera muerto a los 35 años, Spinoza a los 45 y Nietzsche a los 55, con tan prolíficos trabajos, créeme que no es una casualidad. Como se citara en *¡Soy dinamita! Una vida de Nietzsche*, de Sue Prideaux,

> Nietzsche le daba una enorme importancia a su enfermedad como fuente creativa. Él no necesitaba llamar la atención, ni ninguna confirmación exterior de su genio mientras estuviera enfermo. La enfermedad le permitía vivir innumerables vidas en una. Un periódico y recurrente deterioro cuando enfermaba, que siempre daba paso a un posterior periodo de recuperación. Cada enfermedad era una muerte y cada recuperación un gozoso renacimiento, una regeneración. Ese modo de existencia le daba energía, un saborear de nuevo, en palabras de Nietzsche. Durante cada efímera recuperación, el mundo resplandecía una vez más, y por eso cada recuperación se convertía no solo en su propio renacimiento sino también en el nacimiento de un mundo nuevo por entero, un nuevo conjunto de problemas que requerían nuevas respuestas. Solo mediante ese atroz proceso podían desplegarse ante él nuevas ideas [...]. Dentro de este ciclo largo de grandes trastornos, había también ciclos más breves, diarios; su pauta mental era la de las olas que rompen sin cesar en la costa, siempre avanzando y siempre retirándose, atrapadas en el espantoso impulso del movimiento perpetuo en el que no existe el reposo. Enfermando entre pensamientos y recobrándose entre

pensamientos, él mismo es la causa de su propia enfermedad autoinducida.

Nietzsche fue *apalancamiento en estado puro* con respecto a la enfermedad. Decía que el sufrimiento y el fracaso son necesarios para la grandeza y para obtener lo que vale la pena. "A todos los que me importan les deseo sufrimiento; pero el sufrimiento es insuficiente; se trata de responder bien ante el dolor. Que surja lo bello de lo horrible. Para lograr la felicidad, es preciso vivir".

Le enfermedad tampoco fue un obstáculo para Stephen Hawking, genio británico de la física y quien se revistiera de esplendor. En efecto, Hawking llegó a afirmar: "He vivido más de las dos terceras partes de mi vida con la amenaza de la muerte. Cada día, quiero vivirlo como si probablemente fuese el último". Analizándolo, me pregunto, una vez más, si la amenaza del tiempo que se agota, esto es, el riesgo de vivir una vida corta, como la vivieron también Friedrich Nietzsche y Baruch Spinoza, aceleran tanto la creatividad como la orientación hacia el logro, de tal suerte que se deje un legado que valga la pena. Se agotan los días; hay que hacer algo. Este divertido, testarudo y excéntrico científico, quien a sus 32 años ya era una celebridad en la física, le dijo a su esposa, Jane Hawking: "vamos a desafiar la enfermedad, a los médicos y al futuro". La discapacidad lo obligó a moverse en otras direcciones. El tener la mente activa le fue vital para sobrevivir, así como tener un buen sentido del humor. Una de las cosas que más reconoció fue la importancia de cuestionarse todo y pensar en grande, prácticas incentivadas por sus padres. Hawking no estuvo entre los primeros de la clase. A sus 21 años le diagnosticaron su enfermedad y le pronosticaron de 2 a 3 años de vida. "No me da miedo morir; pero no tengo prisa en hacerlo", afirmaba. En 1985 estuvo en coma; Jane rezaba para que viviera. Solo un milagro lo podía salvar; ella oró sin descanso; se salvó. Pero Hawking no creía en los milagros, porque reñían con la ciencia. Esa diferencia en creencias fue una de las razones de su posterior separación.

Sé tú mismo y cada vez mejor

"La religión de la confianza en sí mismo", espina dorsal del trascendentalismo en el siglo XIX, y cuyo mayor exponente es Ralph Waldo Emerson, depositaba su fe en lo que podía el ser humano encontrar dentro de sí mismo, y el enorme reto que le esperaba una vez hallara lo buscado. Sentirse único, lleno de posibilidades, diferente, imbuido de autoconfianza y reflejándose en el espejo de la naturaleza, que tanto enseña, que tanto muestra, que tanto nos aproxima al creador, son verdaderos rayos de luz para la conciencia, descargas eléctricas para el corazón, sacudidas intempestivas para la razón. El famoso credo del libertario, néctar del individuo y su destino, y término que significó desde su origen, en la Inglaterra del siglo XVIII: "partidario de la libre elección", y cuyo uso principal se da en el campo de la filosofía política, sostiene:

> La imitación es un suicidio; la virtud que más exige es conformarse, que no ama a la realidad y a los creadores sino a los nombres y a las costumbres. La sociedad no es sino una conspiración contra la hombría de cada uno de sus miembros. Quien quiera ser un hombre deberá ser un inconforme. Quien quiera conquistar palmas inmortales, no se dejará influir por el nombre del bien perseguido,

> sino que explorará por sí mismo si es un bien. Nada es sagrado, salvo la integridad de tu propia mente. Absuélvete a ti mismo. Ninguna ley me es sagrada, si no es la de mi propia naturaleza. El bien y el mal son nombres fácilmente transferibles a esto o a aquello; lo único bueno es lo que está de acuerdo conmigo, lo único malo lo que está en contra. Me avergüenza pensar cuán fácilmente capitulamos ante símbolos y nombres, ante grupos numerosos o ante instituciones muertas. Lo que me importa es lo que debo hacer, no lo que piensa la gente. ¿Es malo acaso ser incomprendido? Afrontemos y desafiemos la satisfecha mediocridad y el escuálido conformismo de la época. Nuestra manera de vivir, nuestras artes y nuestras ocupaciones, nuestros matrimonios, nuestra religión, han sido elegidos para nosotros por la sociedad. Insiste en ti mismo; que nunca haya límites.

Lo que acabas de leer pareciera redactado para el momento actual, para el siglo XXI, en el que hacer las cosas como siempre se han hecho, ir progresando despacio, paso a paso, acomodarse a unas condiciones que no se comparten, ni se disfrutan, ni a las que se les extrae provecho, pareciera ser ley para millones de seres humanos. ¡Basta ya! Suficiente. El tiempo apremia y el día que hoy estás viviendo significa que ya tienes uno menos por vivir.

Emerson decía en su ensayo *Autoconfianza*:

> Creer en tu propio pensamiento, creer que lo que es verdad para ti en lo íntimo de tu corazón, es también verdad para todos los hombres, eso es el genio. Expón tu recóndita convicción, y tendrá sentido universal, porque lo más íntimo se convierte a su debido tiempo en lo más externo, y nuestro primer pensamiento vuelve a nosotros traído por las trompetas del juicio final [...] Confía en ti mismo; todo corazón vibra con esa cuerda de acero. Acepta el lugar que haya asignado la divina providen-

> cia, el trato de tus contemporáneos, la secuencia de los acontecimientos. Siempre han obrado así los grandes hombres y se han confiado, como niños, al genio de su edad, percibiendo que esa confianza estaba asentada firmemente en su corazón. Nada hay más sagrado que la integridad de nuestro propio pensamiento. Todo individuo decente y bien hablado me impresiona más de lo debido. Debiera conducirme directa y vitalmente y decir la verdad clara y desnuda en todas las circunstancias. ¿Triunfarán la malicia y la vanidad porque se disfracen de filantropía?

Debo hacer lo que tengo que hacer y no lo que la gente opine. Esta regla, tan ardua en el terreno de la acción como en el teórico, puede servir para una neta distinción entre grandeza y mediocridad. Lo más llamativo es que siempre encontrarás quienes piensan que saben cuál es tu obligación mejor que tú mismo. "Es fácil en el mundo vivir conforme a la opinión del mundo; es fácil en la soledad vivir de acuerdo con nuestra propia opinión; pero hombre grande es aquel que, en medio de la multitud, conserva sin estridencias la independencia de la soledad".

Nietzsche coincidía con Emerson a propósito de favorecer el autoconocimiento; destruir lo que no estaba bien. Sue Prideaux lo registra así en su libro *¡Soy dinamita! Una vida de Nietzsche*:

> Las personas no progresan si no piensan, si no razonan, si no se apartan de la manada. Hay serias limitaciones en la manada. La "igualdad", cierta asimilación efectiva que no hace sino expresarse en la teoría de los "derechos iguales", pertenece esencialmente a una civilización descendente; el abismo entre hombre y hombre, entre clase y clase, la multiplicidad de los tipos, la voluntad de ser, de distinguirse, lo que yo llamo el *pathos*

> de las distancias, es el propio de todas las épocas fuertes [...] No hay ponzoña más venenosa que la doctrina de la igualdad; parece predicada por la justicia misma, cuando no es sino el fin de toda justicia... "Igualdad a los iguales; desigualdad a los desiguales", tal debía ser el verdadero lenguaje de toda justicia, de donde se seguiría necesariamente no igualar las desigualdades. Alrededor de esta doctrina de la igualdad, se desarrollaron escenas tan horribles y sangrientas, que ha quedado en esta idea moderna por excelencia, una especie de aureola y de gloria, hasta el punto de que la revolución por su espectáculo ha extraviado a los más nobles espíritus. Eso no es una razón para estimarla más. Yo no veo más que uno que la sintiera como debía ser sentida, con disgusto.

Y para Goethe, según Rüdiger Safranski, en su libro *Goethe*:

> la sociedad era un campo claro de confirmación propia, pero también aquel ámbito contra el que el individuo ha de afirmarse y acreditarse. Goethe procuraba no dejarse enredar hasta la falta de reflexión; calificaba de "principio indispensable, enérgico, egotista" al egoísmo riguroso de la autoafirmación frente al exceso del mundo que quiere entrar en nosotros. El individuo, si no quiere perecer en el ajetreo social, ha de tener aquella conexión interna llamada fuerza de atracción frente a sí mismo. El principio egotista da a una persona algo que repele, algo compacto e impenetrable.

Tú, ayuda, ilumina e inspira, pero no te involucres en cosas que no te merecen, ni te iguales siempre. ¿Sabes por qué también hay desigualdad? Porque hay gente más talentosa que

otra, más trabajadora, más estudiosa, más creativa y más ambiciosa. Y menos envidiosa, menos perezosa, menos resentida, menos dependiente de la suerte y de lo que les regale un gobierno.

Alguien dijo con acierto: "le temo a un hombre que solo haya leído un libro". La ignorancia es atrevida, peligrosa y demencial. Ayuda para que el ignorante deje de serlo, pero no te contagies de su ignorancia. ¿Con cuántos amigos puedes disertar sobre una publicación de filósofo o intelectual alguno? ¿Con cuántos familiares o conocidos puedes tratar con altura, con palabras que eleven el español a la categoría que se merece, un tema de interés mundial o trascendente? Y no solo mires la viga en el ojo ajeno. Sé muy autocrítico. Mírate a ti mismo. ¿Qué tan buen uso le estás dando a las redes sociales, las mismas en las que por cierto pasas varias horas al día? ¿A quiénes sigues en las redes sociales? ¿Cuáles son tus hábitos diarios en pro de una mayor espiritualidad y una mayor riqueza? ¿Cuáles son tus principales amigos y referentes? ¿De qué te nutres a diario para que tu discurso adquiera mayor lucidez y revista el brillo que tu personalidad impone? ¿No te sientes a veces fatigado por tanta trivialidad mediática? ¿No sientes que te asfixias en discusiones baladís que más parecieran ser vertederos de odios y batallas de egos? Elévate por encima de ello. Construye tu mundo sin importar lo que digan de él. ¿Acaso te ofrecen esos legos que te critican algo mejor?

Solía responder con virulencia algunos ataques y diatribas en redes sociales. Hoy mi mejor respuesta es el silencio, consecuencia de tomar distancia y, en tal virtud, escoger la mejor decisión: ese silencio. No pretendas igualar lo que no es igual. ¿Quien pretendió insultarte tiene acaso tus mismas horas de lectura y erudición? ¿Tus valores, inteligencia emocional, experiencia y educación? Es posible que no. Y no pretendo que te sientas un ser superior. Solo hay uno, y no eres tú ni lo soy yo, pero atento: no es inteligente igualarte siempre en aras de parecer humilde. Equivaldría ello a que una persona con grandes conocimientos financieros decida comprar la lotería para incrementar su capital. Como mínimo pondrías en duda tal bagaje y conocimientos si es al azar a lo que acude para conseguir el logro.

Das una mirada en las redes sociales y encuentras en la mayoría de las ocasiones temas y tendencias que reflejan el grueso de la sociedad, comúnmente conocido como el vulgo. Si al vulgo lo evades por ignorante, trivial, envidioso y mezquino, no te quedes perdiendo el tiempo ahí. De hacerlo, interpretarás de manera errónea lo que algunos llaman "la realidad". Tu realidad debe ser otra; una realidad más culta, de mayor avanzada, de más grandes posibilidades; tu realidad debe ser atrapante, envolvente y desafiante. Una realidad que te estimule a ser mejor, que te provea herramientas para crecer, trascender y ser más grande. Una realidad que sea una mixtura de amor, energía e inspiración. No de odios, tibieza e ignorancia. ¿Si te cuidas tanto de los alimentos que consumes, cómo no vas a velar porque lo que entre a tu mente, otro alimento, por cierto, sea de la mejor calidad?

Termino este punto con una corta historia mundana, y a propósito de todo lo que nos quieren imponer o hacer vivir, y del genio que se debe revelar, para preservar la esencia de ser. En cierta ocasión una persona me dijo: "Mira, Juan Diego, hay un familiar que me está haciendo la vida imposible. Basta que yo hable de un proyecto o de un emprendimiento para que de inmediato lo critique o empiece a verle toda clase de peros. Que eso no va a funcionar, que podría perder dinero, o que mejor fuera por lo seguro y no arriesgara tanto. Lo particular es que esa misma persona no me propone nada a cambio". Yo le manifesté: "¿cómo se llama esa persona?". Me dijo: "Su nombre es Dionisio Azconzábal". Acto seguido le manifesté: dame un minuto, lo buscaré en Google para saber quién es. Tras hacerlo, y por cierto no encontrar nada en cuanto a referencias en ese momento, le dije: "¿Sabes qué? La persona que está intentando derribar tus sueños es un desconocido y me temo que poco o nada bueno ha hecho. ¿Tú permitirás entonces que un ser poco digno y ejemplo de nada sea quien fije tu destino? ¿Tú permitirás que un premonitor de cosas malas, como Casandra en la mitología griega, lleno de miedos y seguramente de frustraciones, vierta en ti una vida de fracasos y ausencia de logros? Estoy seguro de que no. De ahora en adelante ten muy presente esto: *nadie tiene el derecho a destruir tus sueños, anhelos e ilusiones*. Absolutamente nadie". Luego me preguntó: "Juan Diego, ¿y qué habría pasado si hubieras encontrado a esa persona en Google con grandes logros y una inspiradora historia que contar?". Le respondí: "Te diría esto: demuéstrale que tú puedes hacer mucho más, y que contigo, por grande que fuere, se equivocó. Al fin y al cabo, todos somos humanos y hemos fallado al hacer vaticinios". Recuerda que siempre que hagas algo hay dos tipos de personas que están atentas a tus resultados: por un lado, la persona que hemos llamado "vaca blanca", que siempre te criticará y le verá el punto negro a la pared blanca o el pelo al huevo, como se expresa comúnmente; pero también, y por fortuna, estará la vaca púrpura o ser extraordinario, que te estimulará y dirá: "vamos hacia delante, confío en ti, ganas o aprendes, y estoy aquí para apoyarte y bancarte". Que quienes influyan en tu vida sean siempre seres cuyo ejemplo genere credibilidad. No personas que no hayan hecho nada y que pretenden que tú termines igual.

Alegría, felicidad y disfrute

Spinoza decía que es propio de un hombre sabio reconfortarse y reponer fuerzas gracias a alimentos y bebidas agradables tomadas con moderación, y también debido a los perfumes, adornos, música, juegos deportivos y espectáculos, de los cuales todos podemos disfrutar sin hacer daño a nadie. Richard Wagner, por otra parte, el músico preferido de Friedrich Nietzsche, antisemita, y quien amaba la fama, la ropa y los lujos, manifestaba, a propósito de los mensajes de abundancia para producir su música:

> Si estoy obligado a sumergirme una vez más en las olas de la imaginación artística para encontrar satisfacción en un mundo imaginario, al menos debo ayudar a mi imaginación, y encontrar los medios para estimular mis facultades imaginativas. Por tanto, no puedo vivir como un perro. No puedo dormir en paja ni beber ginebra corriente; la mía es una sensualidad intensamente irritable, aguda e inmensamente voraz, pero excepcionalmente tierna y delicada, que, de una forma u otra, debe ser ha-

lagada si quiero consumar la cruel y difícil tarea de crear en mi mente un mundo que no existe.

Según la psicóloga Sonja Lyubomirsky, los tres factores que más influyen en el aumento de nuestros niveles de felicidad son la habilidad para redefinir una situación desde un prisma más positivo, la habilidad para sentir gratitud y la amabilidad y la generosidad como elección personal. Coincido con ella, y no son los únicos factores. Disfrutar la vida, como lo sugerían Spinoza y Wagner, superarse a sí mismo día tras día, servir desde nuestro corazón y con los talentos y experiencia que tenemos e invocar el Espíritu Santo, esto es, el espíritu de Dios, para evolucionar interiormente y desarrollar nuestra misión, aumentan en gran manera aquello que llamamos felicidad.

Se nos ha dicho que el dinero no compra felicidad, y que, de comprarla, solo lo hace cuando lo gastas en otras personas, tu familia y amigos, por ejemplo. Esto es una verdad a medias, es decir, una mentira. ¿Por qué te olvidas de ti? Si lo gastas en ti, ¿por qué no habría de ser también felicidad? ¿Es que acaso no sientes lo que los demás pudiesen sentir merced a tu generosidad, en este caso contigo mismo? Claro que lo sientes, y por supuesto lo mereces. Hipocresía en su más alta expresión es la que pulula. Convención social que irrita y asfixia.

Pensar en el otro, sí; pero en ti también. Y que nunca falte ni escasee. Por olvidarte de ti, terminarás viviendo la vida que otros quieren que vivas. ¿Eso es lo que realmente deseas? Pongo mis

fichas por un no de respuesta. Gasta en los demás ¡y en ti!; ¡y hazlo sin miseria ni remordimiento alguno!

Te rodearán manipuladores y parásitos financieros, incapaces de cubrir sus propios gastos. Siempre te dirán que lo mejor es dar, y no recibir. Quienes te dicen eso aman recibir y poco se preocupan por dar. Tenlo presente si quieres ver crecer tu patrimonio. Sobre esa clase de sanguijuelas y aves de rapiña me ocupé ya en libros anteriores; hay personas que esperan mucho pero que dan muy poco. Seres que sienten que siempre les están debiendo: la sociedad, la familia, el gobierno, la vida misma. Aléjate de ellos; te devorarán como lo hacen los gusanos con los muertos. El riesgo se mitiga en forma simple: mantente vivo y atento y no descuides ningún detalle ni menosprecies a ningún parásito potencial. Muchos fungen de solidarios y generosos, pero son buitres que solo buscan el alimento con el que ya pereció. Es posible que ya tengas a algunos de ellos en mente; es posible que incluso duerman contigo o compartan la misma mesa. No te angusties; todos, de alguna forma, los hemos tenido cerca. Atentos entonces.

Para terminar este punto, digamos que ser feliz es una filosofía de vida, y a ella contribuye el disfrute y la alegría. Invierte en lo que te haga feliz sin hipotecar o comprometer tu futuro. No pretendas que todas tus decisiones de compra, disfrute o inversión, deban tener siempre un alto retorno monetario o financiero. No le hago una apología a lo irresponsable y al despilfarro; sí al hoy, a no aplazar, a no tener por fin ser el más rico del cementerio, dejando atrás una existencia de insatisfacciones, privaciones, aplazamientos y cosas por hacer. ¡Hazlas ya! Atrévete y no lo pienses tanto. Ahora bien, hay una diferencia muy grande entre ser feliz y estar feliz. Yo puedo tener muchos problemas en mi vida, estar insatisfecho, atravesar por momentos de baja energía y luego, tras ingerir licor, estar animado y llegar incluso a bailar. Estoy feliz, pero no soy feliz. Apenas el efecto del licor desaparezca, volveré a mi estado de infelicidad. La duración y la intensidad definen el estado de felicidad. Ser feliz es una decisión, una actitud ante la vida; mientras más intensidad y duración tenga tu actitud, tanto más feliz serás. Tú puedes decidir ser feliz para siempre si dispones de la voluntad para hacerlo.

Apuntes y reflexiones

» Es mejor un ateo que sea buena persona que un creyente que no la sea. Sin embargo, es mejor aún que sea creyente en Dios y también buena persona, en la medida en que al ser creyente se aproximará más fácilmente a la humildad, por estar dispuesto a rendir cuentas y pedir ayuda cuando sea necesario; también, por reconocer la dimensión espiritual, al no permitir que todo resultado deseado dependa de su genio, esfuerzo y razón, sino que los trascienda, para que al ser dos los protagonistas, Dios y él y Dios en él, esos resultados revistan de mayor sentido.

» Hay algo peor que ser ateo; negar la evidencia de un ser superior. El ateo comúnmente se comporta como aquel incrédulo de lo sobrenatural; tú lo puedes poner a cenar con el fantasma mismo y luego terminar con una *selfie*, y algo se inventará para justificar que fue una coincidencia, o que, al mejor estilo de Spinoza, ya le encontrará una explicación a ese encuentro más adelante.

» Dios no mira patrimonios, mira corazones. Hay gente pobre y mala y hay gente rica y buena, y viceversa.

Nada gano con ser pobre si no tengo voluntad de ayudar y mi corazón está corroído por el odio y el resentimiento; si, por el contrario, tengo mucho dinero y aun así soy humilde, no tengo apego a la riqueza y con ella ayudo e inspiro a otros, bienvenida sea.

» Reemplazar el odio por el amor fue la mejor decisión espiritual de mi vida. El odio es el más caro de los "lujos". Un morral muy pesado como para poder avanzar rápido con él a cuestas. Escoger siempre tu reacción, esa es la verdadera libertad, y con el odio no la logras.

» No pretendas darle gusto a todo el mundo con lo que haces. Ya lo citábamos: "O fríos o calientes porque a los tibios los vomito de mi boca", decía Jesucristo. Haz tu mejor esfuerzo, evalúate, pero hasta ahí. No contemporices ni pretendas fungir como moneda de oro, pretendiendo agradar a todos.

» El 85% de las enfermedades tienen un origen mental, luego la cura debe provenir de la mente. Cómo piensas y cómo te programas mentalmente para comportarte y abordar una situación, tarea o responsabilidad, es esencial. Más dopamina es necesaria, la sustancia que produce tu cuerpo cuando ríes y abrazas; menos cortisol, la hormona del estrés.

» Tú eres lo que provocas; no podrás provocar alegría y buena energía si en tu interior se cocina tristeza y rencor. ¿Sabes que puedes hablar sin hablar? En Cero Imposibles, evento de Programación Neurolingüística, tenemos una actividad fascinante en la que analizamos distintos rostros. Cada uno habla por sí mismo, y a partir de lo que vemos, decimos cómo puede ser esa persona profesional, emocional e intelectualmente. Tú no tienes una segunda oportunidad para dar una primera impresión. Inconscientemente estás mostrando lo que hay dentro de ti. Nada bueno muestra tu exterior si nada bueno se abona en tu interior.

» Tengo por afición analizar cada rostro que ingresa al avión en los distintos viajes que hago para dictar conferencias o seminarios. Muchos de esos rostros tienen tatuado un mensaje en su frente: necesito ayuda. Bien por el inconformismo que podrían tener consigo mismos, por sus miedos, por su difícil situación laboral, por carecer de un propósito de vida o por tener unas finanzas en ruinas, algunas personas lo tienen en letras mayúsculas, y resaltado. Esas personas creen no hablar, pero su lenguaje corporal y la energía que emana, habla por ellas. Siempre debes estar consciente de lo que piensas, de lo que sientes, de depurarte interiormente para que solo así aflore lo mejor de ti y pueda ser visto, incluso por quienes nunca cruzarán palabra alguna contigo. Ten esto presente siempre y provocarás cada vez cosas mejores en los demás, lo cual será motivo de satisfacción para ti, al vivir una vida más feliz y al percatarte de cómo va aterrizando eso que provocas en una cuenta bancaria, cada día más robusta.

» Los coqueteos con el tema espiritual vienen desde mi anterior libro, *Ideas millonarias*. He sido pecador, pero me animó en la preparación y documentación de esta publicación que muchos santos de la Iglesia también lo hubieran sido (y yo no seré santo seguramente). San Agustín, recuérdalo, uno de los que más me impactó, afirmaba: "todo santo tiene su pasado y todo pecador tiene su futuro".

» *Quien se rodea de belleza, atrae riqueza*. Esa frase, que es de mi autoría, se inspiró en la biografía de una leyenda en el mundo de la riqueza y las inversiones: la familia Rockefeller. Concretamente, Nelson Rockefeller, que era muy cercano a su madre, fanática por cierto del arte, decía que había que estar cerca de las cosas bellas. Y cualquier persona diría que para un Rockefeller eso resultaba fácil, puesto que con tanto dinero rodearse de arte y de cosas bellas no supone un gran esfuerzo. El tema es que no se trata de presupuesto, ni de grandes sumas de dinero, sino de gusto y de mensajes de abundancia. Si visitas mi oficina o te invito a mi casa, en Medellín, encuentras arte desde la puerta de la entrada; pero también en el baño, en la cocina, en el vestidor, en la terraza y en la habitación principal. Y no solo es arte en su más genuina expresión; llámese cuadros, pinturas o esculturas; también son olores agradables, música inspiradora, buenos libros, flores y naturaleza, todo lo que construye un ambiente mágico y envolvente, para que pienses mejor e irrumpa la inspiración. El arte en sus distintas expresiones es belleza. La pintura, la escultura, la música, las letras. La relación del arte y la belleza con el dinero y la espiritualidad es total. Es salirse de la parcela mental que llamamos vida, ser más sensibles, estar más inspirados y tener más ideas y nuevas posibilidades. Hoy visito galerías, sigo cuentas de arte en redes sociales, tengo amigos artistas, veo muchos videos de arte e invierto en arte cada vez que puedo, como ya lo he manifestado. Lo que nos rodea nos inspira o nos debilita. Imagínate llegar a una casa en la que a las 4 de la tarde las camas están sin arreglar, la ropa sucia en el piso, los platos agolpados en el lavadero de la cocina, aún sin lavarse, y un olor putrefacto invadiendo el lugar e, incluso, a cualquier hora a la que tú llegues. ¿Qué pensarías tú de esa familia? Imagínate llegar a una casa, de nuevo, y que te sirvan una bebida; el recipiente era un antiguo vaso de mermelada que, reciclado para la ocasión, sirve ahora de instrumento para lo que ingieres; mientras lo tomas, percibes que la orquídea que está frente a ti no está sembrada en una matera bonita y de buen gusto, sino en un antiguo tarro de galletas, que sirve ahora para sostener la flor. ¿Qué mensaje crees que se estén enviando a sí mismos los dueños de la casa? Es un mensaje de pobreza absoluta. Y cualquiera estará diciendo: "tú puedes comprar las esculturas, las pinturas y las obras de arte y rodearte de todo lo bello que quieras, pero yo no tengo dinero". No te engañes. No es un tema de presupuesto, sino de gusto.

Puede que hoy no tengas el dinero para comprar un vaso de plata, o una matera de porcelana en la que ubiques

la orquídea, pero con hábitos de pobre nunca lo tendrás. Valórate, y con el dinero que tengas compra lo mejor. ¿No lo tienes? Tállate para conseguirlo y no compres nada por ahora.

¿Tú crees que siempre tuve ese dinero? Claro que no. Pero no inundes tu hogar, ese recinto sagrado que habla por ti, de baratijas e inmundas copias o imitaciones que solo te recuerden que hoy no tienes plata. No es un tema de presupuesto; es de qué te rodeas, es, simplemente, un tema de tener buen gusto o de no tenerlo. Cuando nosotros estamos rodeados de buena energía, cuando ponemos en nuestro hábitat cosas bellas, atraemos riqueza con más facilidad. La limpieza, la música y el orden, por ejemplo, no tienen que ver nada con el dinero que tengas. El desorden es primo hermano de la pobreza y se lo repito a mis hijos a diario. Si tú te estás visualizando como una persona de éxito, como un futuro millonario, debes empezar a practicar. Ten cerca cosas que estimulen el espíritu, que te hagan sentir feliz, que te inviten a inspirarte, a evocar momentos, a desear con ansias volver a un lugar, o hablar con alguien. Belleza, riqueza y espíritu, sí que riman.

» "En mi mundo nunca pasa nada malo; todo forma parte de un orden divino y encierra una lección". La actitud es para mí la única ventaja competitiva sostenible que puede existir. No es el conocimiento; lo que hoy sabes mañana podría ser inútil. Pero cómo enfrentes la vida y leas lo que pase en ella, te ayudará siempre. Jim Rohn, mentor de Anthony Robbins, afirmaba:

¿Que cómo serán los próximos 5 años? ¡Fantásticos! ¿Y tú cómo sabes eso? Porque ya decidí que así será. Habrá recesiones y expansiones; sol y lluvia; lágrimas y risas. ¿Correcto? Eso ha pasado en los últimos 5 años; y ante cada evento, extraje lo mejor. Gané o aprendí; nunca perdí. Igual será hacia adelante. No se trata de tener menos problemas, sino de tener más habilidades. Tampoco desee menos desafíos, sino más sabiduría. Para hacerse rico se requiere un desafío. Para surfear se requieren olas [...] Si haces algo con la frecuencia suficiente, una medida va a aparecer. Si hablas con 10 personas, y una dice que sí, la medida ha comenzado. Una vez que la medida comienza, tiende a continuar. Hay una fórmula sencilla para derrotar a alguien que hace algo mejor que tú: hacerlo más veces (y me volveré mejor haciéndolo, estoy seguro). El que lo hace mejor hace 10 llamadas y vende en 9; tú de 10 vendes en 1. Luego haz 100, y venderás en 10. Se trata de compensar con números la carencia de habilidades. Tú estás al bate 10 veces, bateas 3 y te pagan millones [...] La ley de sembrar y cosechar: sigue sembrando; habrá gente que te robe clientes, pero, al seguir sembrando, vendrán más. Si sigues sembrando, la semilla siempre terminará por caer en buen terreno. Ve a mis conferencias; te las regalo (decía Jim Rohn); no compres nada. Solo quiero que cuando en un año seas millonario, y lo seré, no me digas: ¿y por qué no contaste conmigo? ¿Por qué no me diste la oportunidad de saber qué hacías? Siempre haz más de lo que te pagan por hacer. Si compartes una buena idea, por un tiempo prolongado, la idea les llegará a las personas.

ESPIRITUALIDAD Y DINERO

Dios y tus resultados

Debo hacer una confesión: no he sido la persona más paciente; siempre me he preguntado por el cómo y el cuándo; cómo tendré libertad financiera y cuándo la tendré; cómo voy a impactar la vida de millones de seres humanos y cuándo; cómo lograré conseguir la casa de mis sueños y cuándo. Déjame decirte lo siguiente; nunca he confesado esto públicamente y llegó el momento de hacerlo: *ya no me pertenezco*. Solamente dejo que Dios se encargue del cómo y que el fluir dirija mi vida. Solo tengo como consigna: "Señor, Dios, haz en mí tu voluntad". Me cuesta trabajo pensar en lo que estoy escribiendo hoy si lo comparo con lo que podía escribir años atrás. Pero he reemplazado varias palabras en mi vida y empiezo a utilizar otras diferentes. Reemplacé la palabra odio por amor y reemplacé las palabras *cómo* y *cuándo*, por *dejar fluir*. No se trata de quedarse quieto; sigo siendo consistente con mi mensaje: tú acumula méritos, haz la tarea, pero deja que Dios se encargue del cómo; permite que Dios se encargue del cuándo. Cómo y cuándo llegará la pareja de mis sueños; cómo y cuándo tendré el empleo con el que siempre he soñado; cómo y cuándo viajaré al destino con el que desde niño estoy pensando. El milagro llamado vida se ha encargado de ratificar en mí que lo que va a ser, será. Deja entonces de preguntarte siempre cómo y cuándo. Solo ten fe, entrégate a un ser superior y dile al universo que ese ser superior haga en ti su voluntad. No digas que no lo necesitas o que resulta secundario para tu vida. El 1980 yo no necesitaba un celular o teléfono móvil. Hoy, ni tú ni yo podemos realizar varias de nuestras actividades cotidianas de trabajo, inversión en nuestros ingresos pasivos, educación o entretenimiento sin él. En ese año estaba bien, hoy, tras disfrutarlo y contar con esa poderosa herramienta y el Internet, estoy mejor. Si eso ocurre con un simple objeto, imagínate lo que es vivir con un ser superior actuando dentro de ti. Muchos de esos ateos confesos no llegarán a conocerlo. Dicen estar bien; pero ¿qué es estar bien? Y ya sabes la respuesta: bien es algo que se encuentra por debajo de mejor. Quizás tengan miedo; pero no los juzgo; no soy nadie para juzgarlos. Muchas veces estamos llenos de miedos de distinta índole. Recuerda: el miedo y la fe son incompatibles. Si tienes miedo es porque te falta fe.

Dios no quiere que seas pobre

Espiritualidad y riqueza son una combinación posible. Jesucristo habló de la humildad de corazón, de no tener apego a la riqueza, que hay que tener un corazón dispuesto, una vocación de servicio y un afán por ser espiritual. Cuando muchas personas dicen que prefieren ser pobres pero honradas, yo les digo que hay que ser ricos y honrados, una combinación mucho mejor y que supone un reto más grande; una verdadera revolución interna.

El problema es el apego, no el dinero. Si yo tengo al dinero por Dios, si yo tengo el dinero por fin último, ahí está lo malo.

No se trata de transitar desnudo por las calles, ni carecer de lo mínimo para la subsistencia para ser espiritual. Ni se trata de ser un asceta consumado o un discípulo de san Francisco de Asís. Con dinero se imprimen las biblias, con dinero se construyen las iglesias y con dinero expusieron los cuadros y esculturas que reposan en el Vaticano. Con dinero, como lo he planteado, es que puedes ayudar a más personas, no dando limosna, sino quizás invirtiendo en sus emprendimientos o dando ejemplo de que puedes construir riqueza partiendo de ceros.

Seamos sinceros. El punto clave es qué corazón tengo, qué tipo de humildad poseo, de qué apertura dispongo en materia espiritual. Pero no condenar al dinero por sí mismo. Eso sería como condenar la tarjeta de crédito cuando tú eres el que la usa; la tarjeta no sale de compras, tú la llevas y quizás la usas a muchas cuotas. Si tú tienes dinero, no como un fin sino como un medio para ayudar, para crear empleo, para inspirar, para darte gustos sin perjudicar a los demás, bienvenido sea. Las personas que ponen a otras contra la pared, diciéndoles que para continuar en una comunidad religiosa deben ser pobres financieramente o de lo contrario deberán marcharse, no están haciendo el bien, y tan no lo hacen que son esas mismas personas las que invitan a las almas "de buen corazón" a contribuir económicamente para el desarrollo y sostenimiento de su causa.

¿Quiénes van a ayudar? ¿Los que no tienen un solo peso o dólar o los que trabajando honradamente acumulan el dinero necesario para poder colaborar? Invito a ver la parábola de los tres talentos: "al que más se le da, más se le exige". Imagínate a una persona con muchas capacidades; disciplina, actitud, tiempo, vocación de servicio, pero quedándose quieta, inmóvil, como una estatua de sal. ¿Tú crees que Dios estará feliz ante esa realidad? No lo creo. Considero que si alguien tiene talento e inteligencia debe actuar y ayudar a inspirar. Y si la riqueza viene como consecuencia, bienvenida sea. Que se le multiplique. Otra cosa muy distinta es conseguir dinero a cambio de pasar por encima de tus semejantes, pisoteando sus derechos y violando tus principios. Nadie está de acuerdo con esa riqueza. Si tú tienes mucho para dar, Dios estará feliz de que lo des; si tú tienes mucho para inspirar, Dios estará feliz de que inspires; si tú tienes mucho para ayudar, Dios estará feliz de que ayudes.

No podemos pelear ni ir en contravía de la riqueza en pleno siglo XXI si ella es consecuencia de servir. La espiritualidad en el siglo actual se llama servicio; hay muchas personas que van a misa todos los días pero su espiritualidad es dudosa; hay muchas personas que rezan el rosario a diario y una vez terminan tratan mal a un familiar o a quienes les ayudan en sus casas o en sus trabajos sin asomo de vergüenza alguno; yo no quiero esa espiritualidad, ni Dios tampoco.

Dios quiere servicio, humildad de corazón, apertura; Dios quiere que no haya apego al dinero, que es diferente. Quienes más se deben a sí mismos son aquellos que con todo para progresar no lo hacen, y, por el contrario, siempre asumen el papel de víctimas, implorando que alguien se haga cargo de ellas; personas como estas siempre están reclamando lo que ellas mismas, por voluntad propia y por mérito propio, deberían hacer. ¿Cómo es posible que una persona con tiempo, con capacidades, con una familia por sacar adelante, siempre esté abriendo su boca para reclamar alimento? Y al que siempre les ayuda a esos parásitos financieros lo llaman un "ser compasivo". ¿Compasivo o permisivo? ¿Compasivo o cómplice de su atraso? ¿Compasivo o alcahueta como le llamamos en Colombia? A mí, ante esas circunstancias, que ni me llamen compasivo, no me interesa. Hay que tallarse, hay que exigirse, hay que usar mejor el tiempo, hay que explotar las virtudes que poseemos; no se trata solo de redistribuir mejor el ingreso. "Venga, señor rico, deme parte de su dinero para entregárselo al pobre". Esa no debe ser la prioridad. Si eso lo hacemos, sin educar al pobre financieramente, ten la certeza de que habrá un desenlace conocido: en un año, a lo sumo, uno seguirá siendo rico y el otro seguirá siendo pobre.

Más bien, en vez de seguirnos obsesionando por el tema de distribuir mejor el ingreso, enseñémosle al pobre a progresar financieramente ayudando a muchos.

Cuidado con algo: el problema no es la falta de recursos económicos, eso lo hemos tenido la mayoría y en varias etapas de nuestra vida; el problema es la pobreza mental y esperar siempre a que nos ayuden. Es hora de sacudirnos.

¿Qué vas a hacer para progresar? Los tenemos en muchas familias: personas ganándose el mínimo y que tienen por *hobby* dormir. Y después, al final del mes, dicen que no les alcanza. Pero yo me pregunto: ¿y qué esperaban? Esa pobreza mental es la peor de todas.

Dios te quiere ver progresando; te quiere ver sirviendo, ayudándole al prójimo con un corazón humilde, con un corazón dispuesto por ayudar y servir y sin apego a lo material.

Todas las cosas materiales que vemos son prestadas, tanto que al morir no nos las llevamos. Somos administradores de esas cosas; pero de ahí a decir que esas cosas por sí mismas son malas o buenas, hay mucho trecho. Si tú ayudaste, si estás facilitando que ese dinero circule, qué bueno que también te des gustos y que viajes, y que tengas una casa excelente y que te vistas como quieras. No hay nada de malo en ello.

Las tres abundancias

Enamórate de esa palabra: abundancia. Y no solo de la *abundancia material*, sino también de la *abundancia espiritual y emocional*. Las tres importan. Sí que importan. No basta solo lo material; sería una vida vacía, ya que el dinero es una consecuencia lógica de un propósito de vida bien desarrollado. No es un fin en sí mismo. ¿Qué ganas tú con abundancia material si careces de espiritualidad, si no valoras o disfrutas un atardecer, si no les das gracias a la vida y a Dios por tus hijos, por tus padres, si no practicas los abrazos, escuchar, sonreír? Pero, también, ¿qué ganas tú al disponer de espiritualidad e inteligencia emocional, si no tienes con qué pagar tus gastos mensuales, si no produces dólar alguno, si todo ese talento que tienes no lo traduces en dinero? No basta solo una de las abundancias. La palabra clave es *integralidad*; las tres cosas al tiempo. Así como son importantes tu corazón, tu cerebro y tus manos, y no solo una de las tres. ¿Solo tienes una en tu vida? Busca a quienes tengan lo que te falta.

En palabras de Robert Greene, autor de *Las 48 leyes del poder*:

> Si, por ejemplo, usted es avaro y mezquino por naturaleza, nunca llegará más allá de ciertos límites; ya que solo las almas generosas alcanzan la grandeza. Júntese con los generosos, y estos lo contagiarán, abriendo en usted todo lo que podría ser estrecho y limitado. Si usted es taciturno, vuélquese hacia los individuos alegres. Si tiende al aislamiento, obligue a hacerse amigo de los gregarios. No se asocie nunca con quienes comparten sus defectos, ya que solo reforzarán todo lo que a usted lo traba. Relaciónese solo con aquellas personas con las que comparta afinidades positivas. Convierta esta premisa en la regla básica de su vida, y se beneficiará más que con cualquier terapia.

La gente no pasa la mayor parte del tiempo pensando en cómo ayudar a los demás, sino que, desde muy temprano, lo primero que piensan es cómo se las arreglarán para hacer su trabajo, ganar el dinero necesario para pagar las deudas y ocuparse de su familia. Esto limita su abundancia y lo que reciben de la vida, y se repite aquí y allá, en unos y otros, en seres que al final del día, o de su vida, aún se preguntan por qué les fue esquiva la felicidad, la riqueza, la espiritualidad, o las tres, sin reparar en que su egoísmo los engulló por completo y los privó de servir, que es a lo que venimos a este mundo.

La clave de la ley de la atracción

Estoy seguro de que tú has oído sobre la ley de atracción y te han dicho: "visualízate cumpliendo tus resultados, logrando lo que quieres". Eso es insuficiente; la clave de la ley de la atracción es sentir, interiorizar aquello que visualizas. Te voy a contar una corta historia que será de utilidad: en cierta ocasión estaba con un socio VIP en la sesión personalizada a la que tiene derecho y me dijo que uno de sus sueños materiales era tener un coche de alta gama. Yo le dije: "Visualízate en el carro y siente cómo lo conduces, cómo huele, siente su cojinería y su potencia"; y empezamos a visualizarlo. De repente me preguntó: "¿Y qué ocurriría si me llega a suceder algo, si me secuestran o me lo roban?". Yo le dije: "Por favor, la fe y el miedo son incompatibles, no te pasará nada, simplemente continúa". Él continuó, pero de nuevo volvió a abrir los ojos y manifestó: "Juan Diego, ¿yo sí merezco un carro como esos?". Y le dije: "¿Sabes qué? Paremos un momento". *La duda te aleja del resultado*, toma nota de ello. Si mientras te visualizas y empiezas a sentir aquello que quieres, la duda, de cualquier índole, aparece, te estás saboteando para conseguir lo que quieres. Tú debes sentir que te lo mereces y que tendrás el dinero para pagar los impuestos; y que nada malo te ocurrirá. Se trata de que interiorices que eso por lo que has luchado durante tanto tiempo sí tiene sentido que llegue a tu vida. Pero si por el contrario dudas, esa duda te aleja de cumplir tu propósito. Y no es solamente con lo material; yo, por ejemplo, y hablo en primera persona, he visualizado auditorios y estadios llenos, y los recorro mentalmente, lo siento, veo las luces, huelo el ambiente, vislumbro cómo estarían todas las personas, felices con un mensaje potente e inspirador y que les cambia la vida. La moraleja es entonces: la ley de la atracción se cumple no solamente cuando visualizas aquello que quieres sino cuando lo sientes, sin dudarlo, y lo haces tuyo".

Determinación

Siempre he sido del siguiente pensamiento: si el *quiero* es fuerte, el *puedo* es real. Hace algunos años me encontré con un colega que manifestó su interés por escribir un libro; tres años después lo volví a ver y le pregunté por su libro; me respondió: "no ha salido aún, pero sigo con el interés de escribirlo". Solo por propósitos académicos menciono que, en ese mismo lapso, escribí tres libros, éxitos de ventas, verdaderos *bestsellers*. ¿Por qué pasan estas cosas? La respuesta se llama DETERMINACIÓN, en letras mayúsculas. Hay una diferencia muy grande entre querer hacer algo y hacerlo. Y ese hacerlo se lleva a cabo cuando sientes un deseo ardiente de hacer algo, para ponerlo en palabras del prolífico autor Napoleon Hill, un referente de escritor y de persona determinada. Muchas veces dices que quieres hacer algo, conseguir una pareja diferente, renunciar a tu trabajo, emprender o asumir riesgos, pero no lo haces. ¿Qué hay detrás de esa postergación, de esa dilación de las cosas, para llevarlas a cabo? Hay dos asuntos importantes para destacar: primero, querer MUCHO algo; cuando alguien me dice que está cansado en su trabajo, que lleva 20 años en la misma empresa, pero aun así no renuncia, yo le digo que le falta aburrirse mucho más en ese empleo para abandonarlo, esto es, querer renunciar sí o sí. Lo segundo, recorrer la milla extra; de nada sirve tener ganas si no haces lo que hay que hacer. Mira, por ejemplo, lo que hace la mayoría de la gente a las 10 de la noche: irse a dormir; es más, muchas personas van a la cama a esa hora simplemente para ver si así les da sueño. Eso es algo muy extraño para mí. A las 10 de la noche, si siento que me da sueño voy y me tomo un café negro con una Coca-Cola, "una bomba", como la llamo, lo cual seguramente será sujeto de críticas, y se me quita el sueño. Y esas horas que transcurren desde las 10 de la noche hasta la una de la mañana, escribo, leo y veo videos de inspiradores, de leyendas, de amigos, como les llamo, muchos de ellos ya muertos. No te estoy diciendo a ti que lo que yo hago sea mejor o peor que irse a dormir, no soy nadie para una afirmación tan categórica. Solo te digo que lo que hago produce resultados distintos a los que se obtienen yéndose a dormir, incluso sin tener sueño. Alguien seguramente estará cuestionando mi salud o mi estado físico. Está muy bien, y gracias por preocuparte. Más allá de ello, lo que hacemos versus lo que otro hace es lo que produce resultados diferentes.

Hay que recorrer la milla extra, puesto que resulta fácil afirmar que trabajamos muy fuerte de 8 a 6, o de 9 a 5, pero eso no bastará si desperdiciamos el tiempo libre que nos queda.

No todas las personas tienen que dormir el mismo tiempo; hay personas que, con cinco o seis horas de sueño profundo e ininterrumpido, haciendo deporte con regularidad y alimentándose de manera saludable y balanceada, funcionan muy bien. Y este libro lo escribe una de esas personas. Hay otros que requieren más horas, esto no tiene nada de malo, si por otro lado aprovechan el tiempo que están despiertos en actividades productivas. Segundo, alguien dirá que se necesita de una disciplina excesiva que quizá hoy no tenga. El problema no es la disciplina. El problema es qué gran objetivo tienes en tu vida para exigirte ser disciplinado. Si tienes un objetivo de vida noble, un propósito de vida grande, que trascienda, ten la seguridad de que la disciplina no te será esquiva.

La gente no se enferma por trabajar mucho; la gente no se enferma por dormir menos; la gente se enferma por hacer algo que no disfruta. Las personas se enferman por llevar a cabo algo que no les apasiona, que no es un reto, en algo con lo que solo esperan a que llegue el día del pago, para ser más felices. Eso es lo que en realidad enferma.

De ahí la importancia de amar, sentir, apasionarse con lo que hacemos. Que sea un propósito de vida que trascienda el dinero, que vaya más allá de ir a trabajar a las 9 de la mañana y regresar a casa a las 5 de la tarde. La vida es muy corta para decir que ya estamos tranquilos porque obtuvimos una pensión o jubilación y que seremos sostenidos por el gobierno. Si tú no disfrutas lo que haces, eres un desempleado, así creas que tengas trabajo; si tú no admiras a tu jefe y llevas mucho tiempo en el trabajo que haces, vete de ahí. Vida hay solo una. Quiero verte viviendo la vida que te mereces. Te preguntarás: "¿Y quién paga las deudas y obligaciones financieras que tengo si renuncio a mi empleo actual?".

> **La gente siempre tiende a pensar en lo malo que pasa tras renunciar a un empleo, pero hay algo muy positivo: vas a tener mucho tiempo libre, y el tiempo es el activo más valioso que tiene un futuro millonario. Así de simple.**

Piensa que te vas a poder dedicar a aquello que te apasiona, que podrás generar ingresos pasivos, educarte financieramente, usar mejor la tecnología, conocer nuevas personas. Piensa que ya no vas a trabajar para alguien a quien no admiras, piensa, como ya lo decíamos, que vida hay una, y es esta.

Trascender, tu nuevo reto espiritual

Trascender, dejar un legado, ser una leyenda, ser recordado. ¡Y generar dinero! No lo olvides. Un muerto es aquel que no se recuerda. Trascender es una palabra fascinante y soy un convencido de que en cada persona se cocina un genio. Simplemente hay algunos que ponen el fogón en bajo, se cocinan a fuego lento, y no pasa nada con ellos; otros, por el contrario, se imponen presión, y transforman ese carbón en un auténtico diamante. Si les preguntas a muchas personas cuál es su propósito de vida, dicen cosas como estas: "viajar por el mundo, tener libertad financiera, ser feliz o que mi familia esté bien". Si te detienes en esas respuestas observarás que la persona está pensando en sí misma, a lo sumo en su círculo más cercano, pero no en los demás. Mi invitación a la hora de establecer y cumplir un propósito de vida es a olvidarse de uno mismo, y pensar en el otro.

¿Qué tal si con tu propósito de vida, alimentado por lo que mejor haces, por tu experiencia y lo que más disfrutes hacer, inspiras a millones de seres humanos y ayudas a cambiarles la vida?

Imagínate que hay un ser superior, un Dios, que lo rige todo. Si tú piensas solo en ti, en tu propósito, en tu libertad financiera, o por el contrario piensas en aliviar las depresiones de los demás, estimular sonrisas, aumentar patrimonios familiares, ayudarles a encontrar un propósito de vida, ¿en quién derramará más bendiciones ese ser superior? Y quiero resaltar algo: no es hacer la tarea por el otro, no es darle el pescado, es enseñarle a pescar y a valerse por sí mismo. Soy un convencido de la ley de la atracción, de que las cosas buenas que tú hagas generan un efecto *boomerang*, cosas buenas que se devuelven; si estás pensando en impactar al otro y beneficiarlo, estoy seguro de que tendrás libertad financiera, podrás viajar por el mundo, tener una mansión y, por supuesto, le podrás ayudar a tu familia. De eso se trata trascender, de impactar la vida de muchas personas que te necesitan a ti que estás leyendo este libro y no otro. Y no te escondas ni evadas tu responsabilidad.

Todos nacimos para servir y si es desde lo que hacemos, desde lo que vivimos y servimos con amor, ayudados por ese ser superior, ten la seguridad de que vamos a trascender, dejaremos un legado y seremos recordados más allá de nuestra muerte física.

Siendo así, mucho me temo que a tu velorio no irán solamente tu madre y tu mascota, sino miles y miles de personas que tienen una vida nueva merced a lo que tú has inspirado en ellas. En cierta ocasión hablaba con una persona que se quería quitar la vida; le dije: "¿Te has dado cuenta de todas las cosas que hay que agradecer, de todas las cosas que puedes hacer y que muchos que están en el cementerio ya no podrán realizar por no tener vida? ¿Te has dado cuenta de eso?". Lo primero que hay que hacer es agradecer por estar vivos y poder hacer tantas cosas que otros no. También, y para quienes piensan mucho en el dinero y la riqueza: impacta millones y te llenarás de millones, como ya lo hemos citado en el libro *Ideas millonarias*. Aumenta el alcance de aquello que haces. No solamente te preocupes porque tu familia esté bien; ve por más; por mucho más. Cuando subas el listón de tus exigencias y objetivos, impactarás a más personas y ello redundará en tu vida financiera y tu legado.

El comodín del EGO

En *Ideas millonarias* afirmaba que el ego es un comodín; es neutro; ni bueno ni malo, solo una carta, para utilizar o no, dependiendo de las circunstancias. A pesar de ello, la mayoría de las malas decisiones que tomamos tienen que ver con esa carta. Por razones que no me atrevo a juzgar, en virtud de que no soy ni médico ni psicólogo, traemos una pesada carga desde nuestra niñez, y si me apuras un poco, desde el mismo vientre materno: esa carga es tener que comportarse a la altura de las circunstancias, de lo que espera la gente que hagamos, de lo que se acostumbra, del deber ser. Sentir que debemos ganar siempre, ser más que el otro, no cometer errores en público, esconder nuestros sentimientos, darles gusto a los demás, aceptar y respetar las costumbres preestablecidas y muchas otras prácticas adicionales. Y la carga no se queda allí, se infla, suma kilos, y se hace más fuerte; ya no es solo estar a la altura de las circunstancias, sino a la altura de lo que dice, quiere, hace y logra el otro. Si el otro gana es porque yo pierdo; si no demuestro lo que valgo, el otro desconfiará de mí; si expongo emoción alguna, podría ser juzgado por el otro; si no obtengo más logros, el otro sí podría obtenerlos. Suficiente ilustración. Créeme que los niveles de gastritis son bajos frente a los que debería tener la población con semejante presión. El error es competir con el otro y que sea el otro quien rija inconscientemente nuestra vida. Nuestra competencia debe ser con nosotros mismos, no con el otro. El otro tiene un pasado y un ADN muy distinto al que nosotros tenemos; el otro tiene unas fortalezas y unos defectos que no son los mismos que los nuestros; el otro tiene unos sueños y objetivos de vida que pueden distar con amplitud de los que queremos para la nuestra. ¿Por qué compararnos entonces con otra persona? Nuestro reto es ser mejores de lo que fuimos ayer, no ser mejores que el otro, llámese competencia, colega, amigo o hermano, papá, mamá. Solo piensa en ponerle un significado a la palabra *mejor* para tu vida. Una definición *a priori* sería tan compleja como definir para ti qué es *bien*, o qué es para ti un *ingreso alto*, o qué se entiende por *éxito*.

En vez de mirar hacia nuestro interior, nos dejamos sabotear por el ego; no medimos nuestro progreso en términos individuales, es decir frente a nosotros mismos, sino en términos relativos, esto es, comparándonos siempre con los demás. Grave error. Resulta angustiante, por decir lo menos, tener que estar mirando siempre cómo va el otro, cuáles son los resultados que está teniendo el otro y qué siente el otro. Si sus resultados son fantásticos, qué bueno por el otro. Un púrpura o ser extraordinario no tiene espacio para la mezquindad ni para la envidia, toda vez que entiende que hay suficiente para todos; que si el otro obtiene algo no es a costa tuya, ni porque te lo esté quitando, es solo el resultado, muy seguramente, de su propio esfuerzo y dedicación, que en vez de irritarte o molestarte deberían servirte de inspiración y de referencia, no para compararte con él, sino para adquirir herramientas que te permitan mejorarte a ti mismo.

Hoy en día tengo cuatro grandes objetivos de vida: ser mejor de lo que fui ayer, servir a la mayor cantidad de gente posible, disfrutar la vida cuanto más pueda y ser todos los días más espiritual y cercano a Dios.

Como ves, en ninguno de esos cuatro objetivos está el ser mejor que mi competencia, puesto que solo compito conmigo mismo. Esta es una práctica que me ha dado una gran tranquilidad en años recientes, en la medida en que en vez de estar evaluando y juzgando lo que hace y logra el otro, evalúo y juzgo, con gran espíritu autocrítico, mi propia vida.

No menos importante sobre el ego es hacer la siguiente precisión: cuando tu ego está constantemente inflamado todo te lo tomas personal. Otro grave error. Somos pequeñas criaturas de este mundo, hasta el punto de que morimos y nada pasa. La tierra seguirá girando y muchos otros harán lo que creíamos que solo nosotros podíamos hacer. Si estamos de paso por este mundo, ¿por qué darnos tanta importancia y sentir que nos hirieron, estafaron, defraudaron, mintieron, engañaron, ignoraron, o cualquier otra cosa negativa? ¿Será que fue nuestro ego quien lo puso? Si permitimos que todo resbale y que ante cualquier evento no nos tomemos nada personal, seremos más libres para decidir qué hacer y qué no. En tal circunstancia la carta del ego no se utilizó, y para eso estaba, para escoger si se usaba o no, un comodín.

Dinero rápido

Cultiva la templanza en un grado muy alto para ser capaz de postergar la recompensa, de tal suerte que llegue en el momento en que haya de llegar, cuando el talento y el mérito converjan, y no en el tiempo en el que tú quieres que llegue. El dinero rápido, conseguido con malas maneras y viciados procedimientos, es una enfermedad endémica a lo largo del planeta. Una verdadera peste con heridos en el camino y que ha dejado muertos y estafados por doquier. Cuando evalúes una inversión, hazlo por mucho tiempo.

> **Te puede tentar una ganancia alta e inmediata, que haga ver fabulosa la inversión; no obstante, si ella se obtiene a costa de tu tranquilidad futura, no vale la pena que la realices. Un dinero rápido y conseguido mediante procedimientos poco santos solo alcanza para hipotecar tu tranquilidad y minar tu confianza.**

Necesitan dinero, sí, pero no les alcanza el talento para conseguirlo lícitamente. Ese pareciera ser el corolario de quienes se enriquecen con billetes manchados de duda, falsedad, corrupción y muerte; sinónimo de su falta de creatividad y talento. Por ello, muchos acuden a los atajos, a las vías rápidas, corruptas, teñidas de sangre, incertidumbre y olor putrefacto. Hay quienes obtienen dinero muy de prisa, bien sea porque la suerte los ha premiado (o castigado) en forma transitoria, como en el caso de las loterías, como por prácticas que al principio pueden ser vistas como inteligentes, pero que el tiempo se encargará de revelarlas como fraudulentas.

Un ser extraordinario, lleno de Dios, imbuido de grandeza, no solamente mira el capítulo inicial, sino el libro entero; el desenlace le importa, el proceso cuenta y no le es ajeno.

Débil favor te prestas a ti mismo cuando por un tiempo consigues dinero, y llenas de alegría tu hogar, solo para ver más tarde que ese dinero manchó de lamentos, dolor y sangre a tu familia entera; la vistió de vergüenza. Siempre me ha llamado la atención ver cómo mucha gente rotula de inteligentes a personajes siniestros que, con su accionar, llenaron de lágrimas y mancharon de sangre las páginas de la historia. Llámense dictadores, terroristas, gánsteres, mercenarios o capos del narcotráfico. Un ejemplo, Pablo Escobar Gaviria, ese infortunado ser, malvado personaje, que llenó de dolor con su proceder a miles de hogares del planeta y a una nación entera. Escobar no era inteligente, como muchos dicen. ¿Qué es inteligencia?, es la pregunta que sale a relucir. ¿Te parece inteligente una persona que destruyó hogares y arruinó el futuro de millones de jóvenes con la droga que les vendía? ¿Te parece inteligente un hombre que tiñó de sangre territorios enteros, que inundó a Colombia de viudas y de huérfanos como resultado del terrorismo que instauró? ¿Te parece inteligente alguien que forrado en los billetes debió escabullirse por aquí y por allá, como una rata de alcantarilla, en evidente estampida frenética, para que las balas de la justicia no le alcanzaren? ¿Te parece inteligente un ser que tiene que distanciarse de su familia, de sus amigos, de sus más íntimos sueños, merced a lo que de manera ilegítima ha hecho y conseguido? ¿Consideras inteligente estar escondiéndose en un lugar y en otro, llenando de zozobra a sus seres queridos, solo para terminar abatido por las balas que, en un tejado, le disparan quienes con hambre lo buscan, y solo para morir como un vulgar reptil? Eso no me parece inteligente. Tú te preguntarás: "¿Cómo no va a ser inteligente si sometió a una justicia, se fugó tantas veces, arrinconó a un gobierno y se llenó rápidamente de dólares?". Pregunto: ¿a qué precio? El precio sí que es importante para un púrpura. No basta un logro; no basta un desenlace; lo que importa es el proceso, un legado, la continuidad de algo que se emprende; no solamente un amanecer pletórico de sol, sino una estación entera llena de luz y de brillo. Ten a tu lado a un ser superior para que te ayude a evaluar qué está bien y qué no. Ten a tu lado a un ser superior para que te ilumine a la hora de evaluar tus logros. Ten a tu lado a un ser superior para que facilite la tarea de dimensionar qué tan rentable es aquello que haces.

Mantén cerca, prendido de tu corazón, a un ser superior, a Dios, para entender, simplemente, qué debes hacer, y qué debes dejar pasar. Que la tentación por el dinero rápido no acabe con tu vida.

Domina tus emociones

"Debes tener fría la cabeza, caliente el corazón y larga la mano", Confucio.

Placeres grandes en la vida y dominar tus emociones; escogerlas y utilizarlas; que no te dominen. Dominar las emociones es distanciarse del evento, cualquier cosa que te pase, no involucrarse ni tomárselo personal. Cuando involucras tu emoción, la reacción no es la mejor. Esos tres segundos que transcurren antes de que reacciones son poderosos y no pueden estar viciados por emoción alguna; solo por la razón. Y esa razón te puede sugerir incluso que utilices una emoción. Las emociones se utilizan; no te utilizan a ti. Cuando reaccionas emocionalmente no actúas correctamente. Y no es volverte insensible; es tomar distancia de la emoción para decidir tu reacción. ¿Pierdes espontaneidad? Posiblemente. Pero ganas algo mayor: LIBERTAD.

La libertad de decidir de manera correcta en el proceder, de acuerdo con unas convicciones que han sido alimentadas por un ser superior y tu deseo de justicia, te blindan ante cualquier atisbo de insensibilidad o comportamiento robotizado que los demás pudieran atribuirte. Así, la bitácora u hoja de ruta quedará marcada: se presenta un fenómeno, hay una reacción inicial neutra precedida de una decantación instantánea y no viciada del hecho, una genuina evaluación incolora de lo que ocurre, para que posteriormente decidas qué hacer y actúes en concordancia. La decisión resultante incorporará tanto al espíritu como a la justicia. Ello te dotará de la mayor tranquilidad y de remordimiento nivel cero. No es una máquina fría e insensible quien ha actuado; es un ser imbuido por Dios y por su afán de justicia y acierto. Una actuación noble y bien labrada, aquilatada al fuego de las experiencias que has tenido por años, sustentada en la razón y el buen juicio y no en una emoción juvenil y descompuesta. Y por favor: no te atormentes por eventuales juicios y críticas de terceros, que desconociendo lo que se cocina en ti, pudiesen hablar o blasfemar; vomitar veneno por sus propias bocas. Lo tuyo es independencia y resultados. En el evento de que te acusen los hechos, como ser tildado de frío o racional; te excusarán los resultados, haber decidido con la razón y no con la emoción. Así que tranquilo. Que otros se irriten, se molesten o descontrolen; que otros sean presos de su visceralidad y terminen equivocándose, interrumpiendo, alzando la voz, cometiendo errores y luego pidiendo perdón. Pero tú no. Tu decidirás con sindéresis, juicio y justicia. Tú serás libre, porque has extendido a voluntad el lapso transcurrido entre un estímulo y una reacción. Eres un ser libre, en resumen.

Si tú eres una persona con una inteligencia "promedio", pero con la capacidad de esperar unos segundos antes de escoger tu reacción, tendrás mejores resultados que los de la persona con gran inteligencia, pero sin el autocontrol suficiente para tomar una decisión. Esperar te vuelve más inteligente y efectivo; de cada 100 personas te puedo asegurar que mínimo 90 reaccionan con base en sus emociones e impulsos. Si te apartas de ese rebaño, tendrás una gran ventaja. Dudo incluso que 10 de cada 100 personas tengan esa lucidez, porque no hay otro término que mejor la defina, para optar por la reacción adecuada. Cuando estás equipado con esa fantástica posibilidad que has logrado, merced a esculpirte como ser humano, sentirás que los aciertos han tocado a tu puerta y que los resultados con los que tanto sueñas, son cada vez más alcanzables. Cuando, por el contrario, eres un simple títere de tus emociones, sabes que en cualquier momento puedes dar al traste con lo que quieres, merced a que no dominas el "teatro de la vida".

Quiero ser aún más explícito en tan importante tema e ir más allá, ponerle un nombre a cada paso de esa bitácora u hoja de ruta como la hemos llamado, con el fin de que lo apliques en tu día a día y decidas mejor. Estás leyendo "oro en polvo", una NUEVA, revolucionaria y fascinante medicina, y me disculpas la modestia, término sobre el que por cierto volveremos más adelante. Estos son entonces los tres pasos o pilares del dominio emocional explicados en alta plastilina: *la base, el filtro y la decisión.*

La base eres tú; lo que sientes, lo que habita en ti y lo que eres. Es el terreno donde crece la semilla. *La base* es la materia prima; es lo que está ahí. *La base* debe ser una *base* de amor, sabiduría, tolerancia, oración y silencio; *la base* debe albergar sentimientos puros; es una *base* de espiritualidad inundada por un ser superior. Si *la base* está podrida, *el filtro* estará viciado y *la decisión* no será la mejor. Hay que limpiar y sanar *la base* con las mejores prácticas diarias, sentimientos, pensamientos y hechos, para que de ella emerja algo bueno.

El filtro es el lapso del cual hablo; esos segundos que transcurren entre el estímulo o fenómeno, lo que pasa, y tu reacción o decisión. *El filtro* es el decantamiento del hecho mismo. Puede estar caracterizado por el silencio, que no obvia un escaneo inmediato de lo que ocurre, por el contrario, lo afina y decanta. Es un *filtro* frío y racional. No se le pone color, llámese emoción; es reposado y a la vez certero. *El filtro* es el momento de tomar distancia, como lo hemos dicho; es ese instante en el que te sales de ti y te alejas para ver mejor lo que ocurre y decidir sabiamente.

La decisión es solo la feliz consecuencia de los procesos exitosos previos: *la base* y *el filtro*. *La decisión* se asemeja al resultado lógico de un propósito de vida bien desarrollado. Así como no nos concentramos en el resultado, sino en el propósito, ocurre lo mismo con *la decisión*. Es un efecto. Es tener la tranquilidad de que un proceso se ha hecho bien. Eso no significa que *la decisión* siempre sea la mejor o que seamos inmunes al error. Solo significa que hemos acudido a un método diferente a actuar impulsados por una emoción. Al seguir aprendiendo y experimentando mejoraremos *la base*, *el filtro y la decisión*. Lo fascinante es contar ahora con una bitácora, una hoja de ruta o una carta de navegación, llámalo como desees. Limpiar *la base*, sanearla; abrazar el silencio y autocontrolarse; y decidir con justicia y sabiduría, serán siempre un reto púrpura.

Recuerda: a ti no te pasan cosas; solo pasan cosas, y tú les pones el adjetivo;

no son ni buenas ni malas. Solo cosas, eventos y fenómenos. Que los aprovechas o no. Que la mayoría se lamente y se queje por lo que pase; allá ella. Pero tú, la minoría púrpura que lee este libro, no caigas en ese error.

Buda fue, entre muchas cosas, un notable exponente del manejo de las emociones y el autocontrol. Una fascinante anécdota lo corrobora:

> En cierta ocasión, un hombre joven, lleno de rabia y visiblemente molesto, empezó a insultar a Buda: "Usted no tiene el derecho de enseñar a otros", gritó. Y continuó diciéndole: "es tan estúpido como cualquiera otro; no es nadie, solo un impostor". Buda no se alteró ante esas palabras, y en vez de ello, le preguntó al joven: "Si tú compras un regalo para alguien, y esa persona no lo acepta, ¿a quién le pertenece el regalo?". Sorprendido ante la pregunta, el joven respondió: "Me pertenece a mí, pues fui yo quien lo compró". Buda sonrió y dijo: "eso es correcto; y pasa lo mismo con tu rabia; si pretendes descargarla en mí, y yo no te la acepto, simplemente se te devuelve, y ahora te pertenece".

No te tomes nada personal; a ti te hablan, solo te hablan, pero el calificativo de insulto lo pones tú; los adjetivos son tuyos; eres tú quien le concede o no importancia al evento o fenómeno. Llena tu corazón de amor; llena tu piel de aceite para que todo te resbale. Solo pregúntate *para qué* pasó algo, no *por qué* te pasó o por qué es tan injusta la vida o por qué Dios se olvidó de ti. Por favor. Ni pienses en eso siquiera. Dios no te castiga, te enseña; Dios no te cierra puertas; te abre otras; Dios no se fue; solo quiere que lo busques y que hagas los méritos suficientes a través de tus actos, para sentirlo más, para percibir cómo te acompaña y guía. Me ha sido de gran provecho utilizar las emociones y no dejarme utilizar por ellas. Tomar distancia del fenómeno que pasa, respirar y escoger la reacción es un hábito ganador y único. Difícil al principio por la carga emocional que traemos, por pensar, erróneamente, que nos están haciendo algo a nosotros y que se trata de algo personal y, también, debido a nuestra falta de autocontrol. Spinoza lo decía así: "El pensador, libre de la vanidad y el exhibicionismo, se disuelve en la cosa que ha de pensarse, para ser justo con ella. Hay que prescindir de sí mismo, a fin de ver rectamente las cosas, y solo entonces volvemos enriquecidos a nosotros mismos".

Al distanciarte de un fenómeno o evento lo apreciarás mucho mejor. Al apreciarlo mejor, lo juzgarás mejor; y al juzgarlo mejor, decidirás mejor. Tenlo por el contrario demasiado cerca, encima de tus mismos ojos, y no alcanzarás a apreciarlo en su totalidad, lo cual hará que tu juicio sea incompleto, y tu decisión imperfecta.

Cuando empiezas a ver cada evento que pasa por tu vida como una oportunidad y no como una amenaza, cuando le das prelación a una buena decisión en vez de concederla a una reacción rápida y cuando estás tranquilo, fruto del amor que ya te invade y la meditación que practicas, todo se facilita. Y persevera. Como cualquier hábito podrá tomarte unos días el que haga parte de tu rutina diaria, pero sí que vale la pena. "No existe mayor maestría que la de dominarse a uno mismo", afirmaba Leonardo Da Vinci.

Recuerda que lo que acabas de leer lo escribe una persona que era visceral e impulsiva y que muchas veces tuvo que pedir perdón. "Actuar es fácil; pensar es difícil, y actuar como se piensa es aún más difícil", sostenía Goethe, ese gran literato alemán. Si yo pude, tú podrás.

Lo anterior también se aplica en el mundo de las inversiones; en mi libro *Hábitos de ricos* afirmábamos que "quien no controla sus emociones no controla sus inversiones". Al respecto, Warren Buffett, una de las mayores leyendas en el mundo financiero, ponía "el dedo en la llaga":

> Continuarás sufriendo si tienes una reacción emocional a todo lo que se te dice. El verdadero poder es sentarse y observar las cosas con magia. El verdadero poder es contenerse. Si las palabras te controlan, eso significa que todos los demás pueden controlarte. Respira y deja que las cosas pasen.

Autocontrol

Dos temas eran mi prioridad cuando "volví a nacer": erradicar la soberbia y tener más autocontrol. El autocontrol es un instrumento poderoso y necesario para conseguir lo que quieres; sin él, eres un preso de las emociones; un títere de ellas, que te manejan a su antojo. "El dominio de sí mismo es el verdadero poder", decía el gran filósofo chino Lao Tse.

¿Tú sabes por qué muere un pez? Simplemente porque muerde un anzuelo. Cuando te provocan, te increpan, te insultan, te hablan en voz alta, quien lo hace solo pretende descomponerte, herirte o incomodarte. Si reacciones visceralmente y te enojas, estarás actuando como el pez, mordiendo el anzuelo y siendo presa fácil de quien salió a pescar. Pescaron contigo. Estás muerto. Te propongo otra alternativa: tú estás en el fondo del mar, ves una carnada y solo decides no morderla; tu placer es mayor que comer. Tu placer se traduce en controlarte y no reaccionar ante un estímulo. Eres libre, cada vez más libre; has aplazado la gratificación, tal y como lo hacen los grandes, que no son rehenes de sus emociones, solo las utilizan, en beneficio propio o de su causa. Ahí está una carnada dulce, jugosa, puesta por quien no quiere lo mejor para ti. Un ser pequeño muerde la carnada, tal y como abre la boca el animal cuando pones frente a él un alimento. Lo tuyo es diferente; te distancias, ves la carnada y decides no comerla. No sientes nada frente al vituperio; lo ves ahí, alejado, distante. No lo muerdes. Solo piensas cómo utilizarlo. Los patéticos reaccionan ante cualquier diatriba o estimulación malsana, pero los genios se apalancan con lo que les dicen y lo capitalizan a su favor. Cuando alguien dice "me insultaron, me hirieron, me causaron dolor, se aprovecharon de mí", solo evidencia su falta de grandeza. Un púrpura lee todo lo anterior de forma diferente; para él, es una oportunidad para poner a prueba sus nervios y sapiencia, su magia y brillo, su temple y quilates, para afrontar crítica o reto alguno.

Cuando hagas un mejor uso de tus emociones, ningún reto te quedará pequeño, toda vez que serás esa especie rara, que alejándose de la manada no reacciona como un animal común, sino como inédita gema, que todos quieren tener y emular.

Yo era una persona de mecha corta, literalmente hablando; visceral y explosivo, que súbita e intempestivamente se incomodaba ante muchas situaciones triviales, solo para terminar excusándose o pidiendo perdón. Me cansé de ello. Tú tienes más libertad cuando extiendes el lapso que hay entre un estímulo y una respuesta. El estímulo puede ser el hambre y la respuesta puede ser aguantarse un poco y no comer a horas que no corresponden. El estímulo puede ser un trancón, una congestión vehicular; la respuesta puede ser presionar la bocina o recordarles la madre a unos y a otros. Para qué alterarnos con algo que no podemos controlar. Mientras más frío, más racional, más tranquilo o controlado estés, mejores serán tus resultados. Recuerda el método que aquí te propuse: *la base, el filtro y la decisión.*

Te preguntarás qué ha pasado en mi vida para que el autocontrol sea ahora una práctica habitual. Lo primero que hice fue reemplazar pensamientos y comportamientos que me saboteaban, y que constituían la raíz del mal; cambié el odio por el amor (me siento extraño escribiendo esto una vez más); juzgo menos y tolero más; escucho con placer, procuro no interrumpir; navego en virtudes con mayor pericia; ahora soy más tranquilo espiritualmente hablando, más ligero de equipaje, me pregunto más para qué pasan las cosas en vez de preguntarme por qué me pasan. Esa sanación interior, en la que debo seguir trabajando pues nunca será tarea terminada, tiene por efecto que mi exterior mejore. El segundo tema es que me encanta vencer mi voz interior limitante, "la famosa Matilde", y cuando ella me dice "come a destiempo", "presiona la bocina de tu coche para que el conductor del carro que va adelante se alerte y se mueva" o "irrítate ante la menor trivialidad", soy feliz venciéndola, riéndome de ella, controlándome, contando hasta 10, 20 o 100 si es necesario. Una vez hago lo que yo realmente quiero hacer y no lo que mis emociones imponen, me siento feliz y con mayor confianza. Y lo practico a diario, con la alimentación, por ejemplo: "el hambre es el primer elemento de autodisciplina y autocontrol. Si puedes controlar lo que comes y lo que bebes, puedes controlar cualquier cosa". Lo mismo aplica con respecto al sexo, razón por la cual muchas personas que superan cierto umbral de años, y se encuentran por ende más enfocadas, estables sexualmente, y menos dispersas, tienen mejores resultados en múltiples campos: "las personas que no son esclavas de sus urgencias y apetitos sexuales son personas enfocadas; y las personas enfocadas son personas poderosas".

Tú abandonas un placer cuando lo reemplazas por otro; lo he experimentado y comprobado. Si antes el placer era reaccionar emocional y fisiológicamente ante un estímulo, ya hoy el placer es distinto: tener la feliz posibilidad de decidir qué quiero, sentirme bien conmigo mismo y vencer mi voz interior limitante, que no puede seguir controlando nuestra vida. Control es poder y si tú extiendes ese lapso del cual hablo, nos veremos en el Olimpo. Así de simple.

Cero groserías

Me comprometo contigo, amable lector, y públicamente, para no volver a decir grosería alguna en cualquiera de los eventos que desarrolle. Las groserías solo muestran una falta de autocontrol y de buen gusto. Con un idioma tan vasto, rico en opciones y mágico como el español, recurrir a la ordinariez es una muestra de poco talento en el instante en que se pronuncia la palabra de ira y descontrol. En el pasado, tentado por lo que en apariencia parecería ser distinto y original, he pronunciado públicamente groserías; delante de niños y de adultos mayores. Hoy me avergüenzo de ello, no solo porque no rima con el amor que profeso por el español como lengua, sino también, reitero, porque al pronunciar esas palabras estoy obviando el buen juicio, la pausa y la tranquilidad, la frialdad interna y el control, que deben caracterizar a alguien que se precie de hablar bien y que quiera que su mensaje se transmita de manera limpia. Me obligaré, y de tiempo atrás lo vengo practicando, a no pronunciar grosería alguna, ni siquiera mentalmente, para que así no llegue a pasar por mi boca, ante cualquier evento que me disguste o no comparta. Esto incluye, por supuesto, desde lo que vea en un partido de futbol, hasta una agresión cualquiera que pudiese haber contra mí en cualquier instancia, y pasando por lo que nos pudiese irritar de la sociedad misma. Cada vez que pronuncias una grosería, recuerda que no estás en control total de la situación, y que las emociones te han secuestrado. Y ello no es motivo de orgullo. Al asumir este compromiso públicamente me obligo a cumplirlo; es una práctica que me brinda resultados; habla de lo que harás para que no tengas excusas, y sí miles de jueces y testigos atentos si no lo cumples. Ya sucedió con este libro: me comprometí a entregarlo a más tardar en el mes de enero de 2020 a mi editor, de Grupo Planeta, sin que hubiese escrito siquiera un capítulo hasta ese momento. Al fijar una fecha no se deja nada al azar; al determinar un plazo se activa la presión interna que debe caracterizar a todo hacedor de realidades, muy distinto a lo que ocurre con un simple soñador, que vocifera aquí y allá, que pregona por donde quiera que se encuentre, la fatídica frase: "algún día".

Si en vez de establecer el citado plazo de enero, más bien hubiese dicho "cuando tenga listo el libro, se los envío", ten la seguridad de algo: no lo estarías leyendo. Esa es la diferencia entre decretar, es decir responsabilizarse por los resultados que tú quieres, y simplemente anhelar, desear o decir que me gustaría lograr una cosa o la otra.

Quiérete más

Ámate; si no te amas, ¿quién lo hará? Si no confías en ti, ¿quién confiará? Si no te la crees, ¿quién te creerá?

Después del "yo soy" nunca digas nada malo; y no porque carezcas de defectos o de miedos, sino porque al hablar de que fui de una manera, en vez de decir: soy de esa manera, estarás dejando el problema atrás, o como mínimo, estarás en pleno proceso de cambio. Tú eres mucho más de lo que crees, no menos, como suelen decirnos; eres más, y te lo podría demostrar conociéndote. Nos flagelamos, subestimamos y dudamos de lo que somos y podemos hacer. Me sorprende, por ejemplo, en las sesiones con los socios VIP, las pocas fortalezas o virtudes que dicen tener, frente a las que yo percibo y que sé que pueden explotar. Cuando les pregunto por qué no mencionaron más virtudes, obvias para mí, pero al parecer no para ellos, guardan silencio o me dicen cosas como: "es verdad, ya me lo habían dicho, pero no sé porque no me convenzo de lo que tengo, no me la creo".

Goethe afirmaba que "nos derrumbamos" en el intento de averiguar nuestro propio fondo. Simplemente, porque notamos más bien lo que nos falta y nos duele, pero no lo que poseemos y lo que nos soporta. Lo que llega a la conciencia es sobre todo la carencia, no la plenitud. Las religiones normales y populares son compensaciones fantásticas de las carencias, de las cuales somos conscientes. Por eso son superficiales. Las religiones llegarían a mayor profundidad si fueran expresión de la experiencia de plenitud. Cuando Goethe simpatiza con una religión se trata de una de la plenitud, de la superabundancia, del decir *sí*.

Estar consciente de tus fortalezas es esencial. Cuando tus fortalezas crecen y se potencian, lo hace de manera simultánea tu propósito de vida. Lo que mejor hacemos, lo que se nos da por naturaleza; lo que nos motiva debe alimentar ese propósito o para qué de nuestra existencia, como lo vengo llamando desde mi libro *Hábitos de ricos* y como bien lo expresara Goethe:

> Todo lo que refuerza al hombre interiormente en su presunción, lo que lisonjea su vanidad secreta, le resulta deseable en tan alto grado que deja de preguntarse si eso puede redundar de alguna manera en su honor o en su

ignominia [...] No puedo contentarme con lo que a otros les basta, dijo en cierta ocasión, a los siete años de edad.

Y por favor: verbaliza lo que eres, eso de lo que te haces consciente y que refuerza tu interior; díselo al mundo, en voz alta, sin dudas, temor o vergüenza alguna. Que explote tu ser, que se estremezca tu alma, que tiemble el destino ante las palabras que de ti broten; y que son verdad, la misma verdad que se mantuvo en la sombra por tanto tiempo; la que has mantenido oculta por miedo, timidez o qué se yo cuál razón; la misma verdad que necesitamos que aflore, para así, por fin, descubrir y presenciar tu mejor versión. Esa misma que necesita el mundo. ¿Lo dudas? ¡Pues yo no! Y te sigo ayudando: la mayoría dedica varias horas a ver un partido de su deporte favorito; eso está bien. Pero pregunto: ¿le han dedicado esas horas a preguntarse quiénes son? ¿Qué quieren para sus vidas? ¿Cuál es el precio que están dispuestas a pagar para lograrlo?

Esa mayoría, conocida como vulgo, se muere sin tener la menor idea de para qué vinieron a este mundo; nacen, estudian, trabajan, acumulan deudas y siguen trabajando para poder pagarlas. Luego rezan, para que su pensión o ayuda estatal llegue, y posteriormente se mueren.

De cada 100 personas, 90 viven y mueren así. Tú no estarás dentro de ellas; pero quiérete más y define quién eres. ¿Que quién eres? Tú eres tus fortalezas, tus virtudes, y también tus sueños; tú eres tu propósito de vida, tus luchas y tu resiliencia; tú eres lo que has superado, lo que has vencido, el escepticismo que has derrotado, el dolor que has soportado y la tristeza que has dejado atrás; tú incluso puedes ser el milagro en el que te has convertido y en el que muchos no creían. Llegó la hora de que, sin esconderte, con la convicción de un ser extraordinario, púrpura, demuestres quién eres; y que el universo se entere, para que tome nota y te devuelva con creces esa determinación con la que lo demuestras. Pasando de las palabras a la acción; comprometiéndote con tu espiritualidad, con tu riqueza, con las ideas que debes poner en práctica. Este es uno de los compromisos más importantes que puedes asumir en tu vida. El de no ser gobernado por el qué dirán, volverse de teflón, defender tu felicidad y estar consciente de quién eres, siempre. Si puedo cambiar una vida y evitar un suicidio, estaré feliz; mil vidas y mil suicidios, más feliz; millones de vidas y millones de suicidios; seré un SER feliz. Hay una gran diferencia entre estar feliz y SER feliz. Estar feliz puede ser algo momentáneo. SER feliz es permanente. Una decisión de vida, una noble causa y lo que debemos buscar todos. Puedes tener dificultades mínimas y ser infeliz; puedes tener una vida llena de problemas, según el lente de otros, y, sin embargo, SER feliz. ¿Cuál es la razón? Simplemente has decidido serlo. Has tomado la decisión de que nada y nadie te robe tu felicidad. Así te quieres más. Te apalancaras con la adversidad, te esculpirás con el sufrimiento y resistirás, convirtiéndote en un ser de teflón y bañado en aceite, pero serás feliz; y eso no es negociable.

Dos secretos para nunca rendirse

"¿Cómo hacer para no seguir postergando metas, para no ser un procrastinador profesional, para no renunciar, ni tirar la toalla, ni desistir en la búsqueda de los sueños?". Te daré dos sugerencias concretas para tan importantes preguntas: siempre hemos oído historias de perseverancia, desde Thomas Edison y sus más de 1000 intentos para sacar adelante la bombilla eléctrica, pasando por Walt Disney, quien visitó 302 bancos para obtener financiamiento para sus proyectos; Jack Ma, el fundador de Alibaba, y quien fue rechazado más de 10 veces de Harvard, y Coronel Sanders, el creador de KFC, y quien visitó 109 negocios en los Estados Unidos para presentar, sin éxito, su receta para preparar pollo. Hasta ahí muy bien, pero suficiente; ya es hora de que tú que me estás leyendo en pleno siglo XXI seas el protagonista de una historia épica, de una historia de perseverancia, de tenacidad, de nunca desistir y siempre persistir. Ya es hora de que tú que me estás leyendo seas el ejemplo, en cada escenario, en cada libro y en cada chat, de tenacidad y tozudez. Dos luces o sugerencias facilitaron que esas personas nunca desistieran: la primera, que la razón por la cual perseveres sea tan fuerte e importante para ti que sea imposible desistir. Esas personas no dijeron: "Bueno, si no es este sueño pues será otro, o si este plan a no resulta pues resultará el b"; no, no, no, no. Así no funcionan las cosas. Eso que buscaban lo buscaban con tal determinación, pasión y fuego, que no había lugar para declinar o para decir con autocomplacencia que hasta aquí llegue. Y lo segundo: ellos encontraron en la adversidad una razón para hacerse más grandes y esculpirse como seres humanos, encontrando en el sufrimiento un sentido. Como lo dijera Desmond Tutu, otrora arzobispo de Sudáfrica y Premio Nobel de la Paz: "La forma en que nos enfrentamos a los aspectos negativos de la vida es la que determina el tipo de persona en la que nos convertimos. Lo bello siempre implica sufrimiento, frustración y dolor. Así son las cosas y así es como funciona el universo".

Si no se sufre, no se valora; si todo resultara fácil, no habría epopeya; si todo fuese dado, qué sería del mérito. Flaco favor le prestaría el destino a la leyenda si no le esculpiera para ser tal.

Sobre el sufrimiento afirmaba también el Dalai Lama:

> Solemos creer que el sufrimiento nos sepultará o que no acabará nunca, pero si somos capaces de darnos cuenta de que es algo temporal o, como dicen los budistas, que no es permanente, sobreviviremos más fácilmente y quizá lleguemos a apreciar lo que hemos aprendido de la experiencia, el significado que le hemos encontrado, y salir del túnel no tan llenos de amargura, sino ennoblecidos.

La profundidad de nuestro sufrimiento también puede tener como resultado la elevación de la alegría. Shantideva, monje budista, describía las virtudes del sufrimiento: "la conmoción inicial disipa la arrogancia; también aumenta la compasión que sentimos hacia los demás y, como ya hemos pasado por ello, evitamos acciones que puedan hacer daño a los otros".

Si tú no ves en la adversidad o en el sufrimiento una razón para luchar, un motivo para hacerte más fuerte, siempre estarás tentado a declinar y desfallecer. Pregúntate ahora: ¿será que has desistido de tus sueños porque no son tan fuertes, será que sigues postergando las cosas porque cuando hablas de ese sueño nadie ve sangre en tus ojos, fuego en tus palabras, pólvora en tus intestinos, una fe inquebrantable y una clara presencia de Dios en tu vida? Quizás.

Tres sugerencias para progresar más rápido

Es posible que tú, como yo, estés cansado de escuchar que en la vida se progresa paso a paso; a decir verdad, el paso a paso no me gusta, me desespera, me impacienta; el paso a paso sirve, como lo digo desde mi libro *Hábitos de ricos*, si fuéramos a vivir 500 años. ¿Cómo progresar más rápido? Aquí van tres sugerencias prácticas que me han sido de utilidad, incluyendo una mirada espiritual: Lo primero, exígete más; aumenta el listón de lo que te pides a ti mismo; cuando tus autoexigencias son mayores, cuando lees más libros al mes, cuando te rodeas de seres más púrpuras y menos tóxicos, cuando haces más ejercicio a la semana, cuando te alimentas mejor y eres un ser más espiritual, que no solo practica la oración, sino que la vive y se preocupa por servir y ayudar a los demás, progresas más rápido. Segundo, modela; sí, modela. Estudia los hábitos y la mentalidad de referentes mundiales en el campo de tu interés y pon en práctica, con tu propio sello, para que no te conviertas en una vulgar copia, lo que aprendiste de ellos. Cuando desarrollas sus hábitos y haces lo que ellos han hecho, terminarás viviendo la vida que ellos viven. Y lo tercero, y no menos importante: entrégate a un ser superior, con toda la fe del mundo. Me podrás decir: "Pero, Juan Diego, hay muchas personas espirituales y con una gran fe, creyentes en Dios y que poco han progresado". Te respondo preguntándote: ¿Si dicen tener tanta fe, porqué tienen tantos miedos? Los miedos y la fe son incompatibles, y ya lo habías leído; cuando tú sigues a un ser superior y dejas que se haga en ti su voluntad, los miedos desaparecen.

> **Cuando desaparecen los miedos irrumpe el progreso y la mejor demostración es esta: mira lo que ocurre en las calles; la mayoría no progresa porque le falte dinero, sino porque le sobra miedo. Recuerda entonces esas tres sugerencias: exígete más, modela y entrégate a un ser superior, sin vacilación alguna.**

La palabra mágica para tener logros extraordinarios

Frótate las manos que leerás algo muy bueno. Es una anécdota fascinante que te será de utilidad, a propósito de la fe, la determinación y la actitud para hacer que las cosas pasen, y no esperar a que pasen. Desde el mismo momento en que estaba terminando de escribir mi libro *Ideas millonarias*, decreté que se convertiría en un *bestseller*, y si me sigues en las redes sociales de tiempo atrás, recordarás específicamente que lo decreté desde una playa, en plenas vacaciones decembrinas, en las que estaba trabajando también. Cuando se publica el libro, empieza una venta lenta de ejemplares, no solo de mi libro, sino de los libros en general, fruto de una difícil coyuntura, que se resumía en un lento crecimiento económico, incertidumbre política ante nuevas elecciones presidenciales y un oscuro panorama para las economías de la región. Cualquiera diría: "Bueno, con este libro no fue, ya habrá tiempo para otro *bestseller*". Pero así no piensa un púrpura, ni así lo quería mi ser esencial, la mejor versión que cada ser humano tiene. A mi equipo de trabajo en Invertir Mejor, mi empresa, y al de Grupo Planeta les dije que poco me importaba que la economía se estuviera debilitando o que una u otra persona resultara ser el nuevo presidente; que simplemente había decretado públicamente, por medio de las redes sociales, que mi nuevo libro sería un *bestseller* y que había que cumplirlo, sí o sí. Cero excusas. Cuando tú decretas algo te vuelves el responsable directo de aquello que decretas; pues bien, lo primero que hice fue decirles a las personas que deseaban asistir a mis conferencias que podían escoger si pagarlas en efectivo o comprando la cantidad de libros que equivalieran al valor de la boleta; pusimos con nuestro equipo de redes sociales algunas frases fascinantes que se encontraban en el libro, y que sirvieran de incentivo para quererlo comprar y leerlo en su totalidad; llevábamos maletas enteras, llenas de libros a todas las presentaciones en el continente para venderlos nosotros mismos; creamos el "combo libros" para que una persona pudiera comprar mis tres recientes libros, en una sola transacción y le llegaran autografiados a la puerta de su casa u oficina; en fin, toda esa suma de esfuerzos y creatividad desembocaron en que el libro se volviera un *bestseller* en el año para el que se decretó que lo sería. A veces en la vida hay que esperar, claro; pero no esperes demasiado, haz que se anticipe el resultado y da todo lo que tengas para obtenerlo.

La moraleja tiene que ser simple: tú eres el responsable de tus resultados; aquello que decretas aquello que debes cumplir. Lo más fácil es sacar excusas, pero las excusas son de perdedores. Las excusas son la herramienta preferida de las "vacas blancas"; esos seres tóxicos, pesimistas y conformistas que no pueden definir la ruta por la que navegarás; la ruta por la que transitarás y que marcará tu destino.

Lidiar con las críticas

¿Alguna vez te han criticado por las ideas que tienes? ¿Por no encajar? ¿Por la manera en la que vistes, la forma en la que hablas, por tus sueños, por el negocio que deseas hacer y por mil cosas más? Dale por favor las gracias a esos críticos; ellos solo te recuerdan que eres distinto, único, que no eres normal; esos críticos solo te ratifican que eres un ser extraordinario, púrpura, que nació para brillar; y permíteme decirte lo siguiente: no solo es darles las gracias; es también recordarles a tus críticos y detractores que lo normal apesta, que lo normal aburre, que lo normal es poco sexy, y rápidamente olvidado por la historia. Son muchos los normales como para recordarlos. La mayoría es normal, la minoría es irreverente; la mayoría hace lo mismo siempre; solo la minoría se atreve a hacer lo que nunca se ha hecho. Si a ti te dijeron que debías hacer las cosas tal y como se acostumbra, recuerda que muy probablemente quien te lo dice no es digno de admirar; no es ejemplo de nada y digno de muy poco. Tú naciste para ser un irreverente, tú naciste para desafiar el *statu quo* y por favor ten presente que los normales, los racionales, los que encajan, todo lo explican, todo lo analizan, pero no crean nada ni generan algo que valga la pena recordarse. Son los irreverentes los que se atreven, los que no encajan ni se acomodan, los que no le tienen miedo a la crítica, los que desafían lo convencional. Ellos son capaces de crear cosas nuevas y van por lo imposible; si tú eres un irreverente, bienvenido al club. Siéntete orgulloso de serlo y crearás lo inimaginable.

"Báñate en aceite"

Báñate en aceite para que todo te resbale; no te desgastes con discusiones triviales que no están a la altura de tu intelecto e intereses o que poco suman a tu destino. Este concepto alarga la idea millonaria número 23, expuesta en *Ideas millonarias*: Abrevia. Dicha idea da cuenta de la importancia de ser concreto e ir "al grano", a lo que quieres decir, sin merodear ni dar tantas vueltas. Bañarte en aceite para que todo te resbale es abrazar también el silencio; si siempre estás discutiendo o enfrascándote en aquello que te preguntan o por lo que te critican, perderás mucho tiempo y nada bueno aflorará. Así como no tienes que responder todas las llamadas, ni participar en todos los chats, ni estar atento a todas las preguntas que te formulen, no involucres tampoco tus sentimientos y tus emociones en cualquier interacción diaria.

Ubícate por encima de la diatriba que te profieran. Dales un cierto aire de majestad a tus reacciones, incluyendo a tu silencio. Aléjate de lo vulgar y lo ordinario. De ese instinto animal que tenemos de reaccionar a todo, responderlo todo y justificarlo todo. Que lo tuyo sea distinto. Un halo de grandeza que hable por ti, mucho más elocuente que la palabra misma.

La piel de aceite hace que casi todo se deslice. Evita que el golpe sea certero e ingrese pleno; impide que el puñal asesino penetre tu piel y raye tu espíritu; espanta víboras y repele vacas, las blancas por supuesto. No responder y bañarte en aceite es una cálida manera de pulirse por dentro y practicar autocontrol. Quien trata de incomodarte o herirte espera tu reacción; lograría su objetivo si le respondes. El solo hecho de responder entraña un riesgo: que pierdas el control y termines diciendo lo que no deseas decir. El silencio y el desprecio son las mejores reacciones y las más sabias de las elecciones. ¿Quieres llamarla venganza? Hazlo, no hay problema con ello. La naturaleza te habla todo el día, y aun así no la miras, no le respondes y ni cuenta te das de que ahí está; y el viento sopla, el pájaro canta y el sol te abraza. ¿Y tú? Bien, gracias: quieto, impertérrito. Si así eres con lo más grande que hizo Dios, la naturaleza, por qué habrías de ser diferente ante la turba, ante el sinuoso vulgo que trata de minar tu confianza y cavar la tumba en la que desean verte enterrado. Nunca respondo un epíteto que hacen (no que me hacen, recuerda que no me debo tomar nada personal); solo bloqueo y avanzo; y me obligo a no sentir nada. Ni odio, ni rencor, ni desprecio; nada, no son ellos sentimientos púrpuras. Si no polemizas, ni discutes, ni te dejas descontrolar, ni te enganchas como también decimos, ahorras mucho tiempo y practicas virtudes excelsas como la compasión, el perdón, la tolerancia, el autocontrol y el silencio. Nada más y nada menos. Te estarás diciendo que es fácil decirlo y no tanto hacerlo; es posible, solo al principio; luego lo conviertes en un hábito y hace parte ya de un ritual, que disfrutas, pues también entraña vencer a Matilde, quien te ha invitado a reaccionar y a disparar los cañones de tu ira. Nada, tu quieto, oliendo a aceite; fresco como el pan que sale del horno o la lechuga que recién se pone en la mesa.

Cero tristeza y total fortaleza

Claro que los años no vienen solos: vienen cargados de sabiduría, experiencia, paciencia, control y, por supuesto, de una gran capacidad interna para no juzgar a nadie por lo que haga. Se asocia de manera ignorante la expresión "más años" con "más limitaciones"; los púrpuras asociamos "más años" con "más posibilidades". En este momento de mi vida puedo afirmar, sin vacilación alguna, que es en el que mejor me siento. No recuerdo uno mejor. No tengo cosas que no hubiera querido, nada material me hace falta, tengo en abundancia aquellas que aprecio y deseo. No cambiaría el momento actual, aun con tanto que me queda por hacer, por un pretérito cargado de adrenalina, excesos y palpitaciones. Ahora todo se ve con un prisma distinto, más depurado y tranquilo, y que lleva por ende a un mejor juicio. Hace algún tiempo estuve en una ceremonia religiosa, a la que los cristianos llamamos eucaristía, y en la que el sacerdote hizo la siguiente invitación: "Piensen en una hoja en blanco y registren allí todo lo que en el último año les haya causado tristeza". Y continuó diciendo: "Estoy seguro de que muchos de ustedes pensarán que una hoja es insuficiente". Curiosamente, no puse nada en esa hoja. Primero, porque la palabra tristeza ya no significa nada para mí, toda vez que, en el diccionario púrpura, en la letra T, no aparece. Segundo, tristeza para un púrpura es solo experiencia, aprendizaje y fe.

Lo que para cualquier ser humano es motivo de tristeza, para alguien que tenga su mente puesta en ser un referente, es sinónimo de lo que necesitaba vivir para ser más grande, más fuerte y más resistente.

Tú puedes sentir tristeza, como ya lo he expresado, somos humanos. Lo importante es no quedarnos allí; lo importante es entender que las cosas pasan *para algo*, así no las comprendamos, pasan para algo, lo repito. No tenemos respuestas para todas las preguntas que nos hacemos. Por eso es tan importante la fe; con el tiempo se devela el mayor número de respuestas posibles que en el presente no podemos encontrar. No puse nada en esa hoja porque todo hubiese sido perfecto; simplemente, porque hoy entiendo que no pasa nada malo, solo pasan cosas, el adjetivo de malo lo pongo yo, y no quiero ponerlo, estoy resuelto a no ponerlo, decreto no ponerlo. Pasan cosas, y seguirán pasando, nuestra misión es aprovecharlas y definir qué haremos con ellas, por duras y demoledoras que inicialmente puedan verse.

Incomódate

"¿Qué pretendes, Juan Diego, al ducharte diariamente con agua helada, ayunar en ciertas ocasiones, obligarte a no dormir más de seis horas diarias, ir al gimnasio y no consumir líquido alguno, llegar a leer a tu casa después de una fiesta o reunión social, a la una o dos de la mañana?". Lo que pretendo es tener los pies en la tierra. Lo que pretendo es no perder el hambre, la ambición, las ganas de tallarme, de exigirme, de esculpirme, de seguirme aquilatando al fuego para que ninguna montaña me parezca alta.

La comodidad es un atentado contra el progreso financiero. Nadie se hace grande evitando la incomodidad. Prácticas como esas, que se repiten en mi vida con frecuencia, tienen por fin aumentar mi disciplina y probar los límites de mi voluntad. Nunca me quejo por nada. Alicia, mi esposa, lo sabe; lo puede testificar. Ya lo ha hecho en cada Cero Imposibles que realizamos. Y cuando digo "por nada" es literalmente nada. Cómo habría de quejarme si Jesucristo, mi mayor referente, el más púrpura de todos, no se quejó ante la pasión que vivió previa a su crucifixión. Las dificultades que tenemos son pequeñas si las comparamos con los problemas de muchas otras personas, que por cierto no se quejan. Los dolores que padecemos son exiguos a la luz de los que padeció Jesucristo camino a la cruz. ¿Cómo podríamos quejarnos entonces? Que se quejen los débiles. Esas insignificantes "flagelaciones diarias" me permiten estar mucho más centrado, son un ancla natural, autoimpuesta, que me es útil para recordar quién soy y de dónde vengo. En ciertas ocasiones es necesario que te comportes como tu propio maestro zen. Ellos golpeaban con frecuencia a sus alumnos y los llevaban exprofeso al límite, a instancias de gran duda extrema y presión interior, sabiendo que momentos como esos anteceden la iluminación. Una cosa es el confort y otra la comodidad. Es fascinante tener una vida confortable cuando ella es el resultado de tu dedicación, trabajo y servicio a los demás.

Comodidad es otra cosa. La comodidad es prima hermana del conformismo, y el conformismo es una peste, la peor de todas; la lepra al menos mataba a la gente y la enviaba al cementerio; el conformismo la deja viva, al menos en teoría, puesto que más parecen muertos que aún no entierran; algo así como cadáveres insepultos; semovientes que se pudren al sol y a los que engullen las víboras y los buitres con avidez y desespero. Eso es el conformismo, el infierno; ese mismo que hace que creamos que hemos hecho mucho, cuando no hemos hecho nada; ese mismo que devora espíritus, que aplaza sueños, que destruye matrimonios y que evapora fortunas.

Eso es el conformismo, células malas que se esparcen con rapidez por los cerebros y corazones de quienes, estando para volar, apenas se arrastran; eso es el conformismo, la antítesis del arrojo, del atrevimiento, de probar lo imposible y de anhelar lo jamás alcanzado.

Eso es el conformismo, fuente de atraso y suicidio en vida; la miseria misma, personificada por seres inmóviles, congelados, estatuas de sal; seres mezquinos, podridos por la envidia; sí, la envidia, hacia aquellos que, con un pasado incluso más azaroso, supieron a tiempo que solo había una vida por vivir. Sí, eso es el conformismo, el verdadero somnífero de los pueblos y de la misma evolución.

Comodidad es no ambicionar; comodidad es tener mayor pasado que futuro; comodidad es matricularse en la peligrosa zona de confort, en la cual se halla pastando el inmenso rebaño de vacas blancas del planeta.

Oblígate a tener momentos incómodos; tállate, exígete, para que aflore tu mejor versión, esa misma que puede haberte esquivado en virtud de haber creído que todo tiempo pasado fue mejor y que lo que habrías de hacer, hecho estaba. No compres esa historia. Es la mercancía barata que consumen los normales, léase, la mayoría de los seres humanos que componen este planeta. Pero tú no; sé implacable al evaluarte, haz pausas en las que te preguntes cómo vas, qué logros estás teniendo y qué tanto estás sembrando para cosechar en el futuro. Al mejor estilo de Goethe, invierte tiempo en una retrospección útil para revisar tu marcha, tomar conciencia de tu vida y afinar el rumbo:

> En casa he revisado y ordenado mis papeles y he quemado todas las envolturas viejas. Llegan otros tiempos y surgen otras preocupaciones. Silenciosa retrospección a la vida, a la confusión, actividad y afán de saber en la juventud, tal como ella corre de aquí para allá a fin de encontrar algo satisfactorio. Cómo encontré complacencia en misterios, en oscuras relaciones imaginativas; cómo emprendí solo a medias todo lo científico y pronto lo dejé ir de nuevo [...] Con qué cortedad de vista di vueltas a las cosas divinas y a las humanas. Qué poco hay allí de acción, de pensamiento ordenado a un fin y de poesía; cómo malgaste muchos días en la sensación dilapidadora de tiempo y en la pasión sombría [...] Que Dios siga ayudando y dé luces para que no nos estorbemos tanto a nosotros mismos. Que nos haga hacer lo pertinente de la mañana a la noche y nos conceda conceptos claros sobre las consecuencias de las cosas. Que no seamos como hombres que durante todo el día se quejan de dolor de cabeza, con necesidad de tomar algo para paliarlo, y cada noche beben demasiado vino.

¿Cómo van tus saltos cuánticos?

¿Hace cuánto tiempo no lees un libro que te haya cambiado la vida? ¿Hace cuánto tiempo no conoces una persona que le dé un giro de 180 grados a tu manera de pensar? ¿Hace cuánto tiempo no realizas un viaje que te brinde una perspectiva nueva del mundo? ¿Hace cuánto tiempo no oras o meditas para sentirte más limpio por dentro? ¿Hace cuánto tiempo no ves un documental sobre un personaje del que digas: "WOW, quiero emularlo, quiero modelarlo o seguir sus pasos"? "¿Hace cuánto tiempo...?" es la pregunta que se repite.

Si no te sorprendes, ¿cómo pretendes sorprender? Si tu vida no está compuesta de experiencias fascinantes, ¿cómo pretendes que de tu vida digan: "Qué vida tan fascinante la que tiene". Si solo lees libros normales, si solo te relacionas con personas comunes y corrientes, si no viajas a ningún lado, o cuando lo haces, es a los mismos destinos de siempre, si jamás le das espacio a la oración y a la meditación en tu vida, ¿cómo pretendes marcar diferencia y llegar a otro nivel? Antes de que brote de tu zona de confort cualquier ayuda disfrazada de salvavidas, y que tengas por intención evitar responder a esas preguntas, te invito a ser muy autocrítico.

¿Te retas y te esfuerzas por alcanzar nuevos listones o te relajas y te conformas para adaptarte a aquello que poco te exige?

En publicaciones anteriores he hablado de los saltos cuánticos, esto es, transformaciones rápidas, súbitas y extraordinarias que te permiten olvidarte del progreso paso a paso, que vengo condenando públicamente de tiempo atrás. Entre los seguidores de nuestras redes sociales dicha forma de progreso rápido se ha vuelto una obsesión y una filosofía de vida. No me detendré de nuevo en ese tema. Más bien, te pregunto ¿cómo va su puesta en práctica? ¿Cómo va su implementación? ¿Los estás viviendo realmente?

La persona pobre suele casarse con otra pobre; el tímido busca una tímida; el conformista busca una pareja poco ambiciosa. Todo ello, para validar su condición actual y no esforzarse. Es un proceso inconsciente, pero tiene remedio. Transcurría el año 1989 y era profesor asistente de economía en la Universidad EAFIT, de Medellín. Leía con gran interés los periódicos especializadas en noticias financieras y económicas. En cierta ocasión, me encontraba leyendo uno de ellos y una persona mayor que yo me dijo: "¿Qué tanto entiendes de lo que estás leyendo?". Ante mi sorpresa por la inesperada pregunte atiné a decirle: solo el 50% de lo que leo, aproximadamente. Él continuó diciendo: "¿Y qué objeto tiene leer un periódico del que solo entiendes la mitad?". Más allá de su evidente indiscreción, que no me tomé como algo personal por fortuna, me limité a decirle: "Si no empiezo por entender el cincuenta por ciento, jamás llegaré a entender el ciento por ciento". Desde ese entonces tengo algo claro: el que no arranca, no llega; el que no empieza, nunca termina. Tú te debes exigir y poner presión en aquello que para ti es importante. Llámalo como quieras; leer mejor, conocer nuevas personas, viajar por el mundo, o bucear dentro de ti, para descubrir qué más hay adentro y poder ser más consciente de tu condición espiritual. Si optas por los mismos caminos e insistes en hacer lo mismo que siempre has hecho, sería iluso esperar resultados diferentes y mucho menos extraordinarios. Si sientes que un libro, persona, viaje u oración, te superan y que aún no están a tu alcance, tu tarea está clara: ponte al nivel de ellos. Aprendiste a leer y luego devoraste libros; aprendiste a gatear para luego caminar; empezaste tarareando y balbuceando, luego hablaste. Fue solo cuestión de tiempo, dedicación y esfuerzo. Invierte en ti, para que estés a la altura de lo que te mereces y así ninguna montaña te quedará alta. Empiézate por ayudar, que Dios te ayudará.

Haz más

La honradez y el hábito de oro de los seres extraordinarios es hacer más que aquello por lo que te pagan. Ya lo decía Napoleon Hill hace cerca de 100 años que el hábito de oro que distingue a los verdaderos seres extraordinarios es ese, e incluye hacerlo mejor, en menos tiempo y por un periodo mucho más prolongado. Pregúntate si tú eres de los que solo trabaja de 8 a 6 o de 9 a 5; pregúntate si tú eres de los que no se les puede mandar un mensaje después de determinada hora, o si por el contrario tienes tatuado en tu interior y con hierro caliente, esa milla extra, ese hábito de oro y siempre vas por más. Das más porque te exiges más.

Hay personas que se ufanan por levantarse a las 5 de la mañana, pero pregunto yo ¿cuál es el mérito si en la noche previa fueron a dormirse a las 9 de la noche? Lo importante es madrugar a las 5 de la mañana, pero que en la noche anterior hayas recorrido esa milla extra haciendo lo que te apasiona y durmiéndote tarde.

No hay mayor fatiga que aquella que se produce con algo que no disfrutas; no hay mayor cansancio que aquel que se genera con un trabajo que no está a la altura de tus expectativas.

Un trabajo sublime y duradero, que no arruine la comodidad y la impaciencia. Esta es un escollo a superar con miras a lograr lo verdaderamente valioso. Leonardo Da Vinci lo sabía; él entendió los peligros de la impaciencia. Adoptó como su lema la expresión *ostinato rigore*, como da cuenta Robert Greene en su libro *Maestría*:

> En todos los proyectos en que se involucraba, y que para el final de su vida se contaban en miles, el gran Leonardo se repetía eso, así que atacaba cada uno con el mismo vigor y tenacidad. La mejor manera de neutralizar nuestra impaciencia natural es cultivar placer en el dolor; como un atleta, disfruta la práctica rigurosa, rebasando siempre tus límites y resistiéndote a la salida fácil.

Ponte presión, no evites el estrés, adminístralo, y aprende a diferenciar el bueno del malo. El bueno es el que te mantiene vivo, ávido, encendido y en modo hervir ante lo que quieres; el otro, el malo, es el que no te aporta, el que nace por no comprender lo que no controlas ni está a tu alcance, el que no te empuja hacia tu propósito, sino que te devora a cuentagotas como una bacteria. El investigador Pathik Wadhwa, especializado en la etapa prenatal, afirmaba que

> el estrés y la resistencia son los elementos que activan nuestro desarrollo en el útero. Las células madre no se definen hasta que no se establecen determinadas rutas de desarrollo que, en nuestro caso, es el desarrollo del feto humano; pero para ello se necesita suficiente estrés

biológico que las anime a hacerlo. Sin estrés ni oposición, una vida compleja como la nuestra nunca se habría desarrollado. Simplemente, no existiríamos.

Disfruta la presión y ve por lo que te mereces y que de ahora en adelante le rindamos culto a esa máxima: hacer más que aquello para lo que nos pagan; eso está alineado con ser púrpura o extraordinario; eso hace parte de su ADN.

Cómo mantener la motivación

Muchas personas me preguntan: "¿Cómo no desfallecer, Juan Diego, cómo no "tirar la toalla"?", y quizás piensan que mi vida ha sido fácil o que no tengo dificultades o problemas. Por supuesto que las he tenido. Es más, esas dificultades se han encargado de ir definiéndome como persona. La vida no siempre ha sido fácil ni es de color rosa para nadie. Lo importante es tener siempre un objetivo aún no cumplido que te estimule, que te motive, que te potencie. Como ya lo dijera ese célebre, pintor y escultor uruguayo, Carlos Páez Vilaró, cuya obra pude conocer en Punta del Este: "es mejor la expectativa que el hallazgo"; es mejor tener algo en mente, aún no cumplido, que incluso conseguirlo. O como bien lo registrara ese fascinante libro de Napoleon Hill, *Las leyes del éxito*, y con un ejemplo muy simple: "lo mejor es tener la ilusión de escalar la montaña, irla escalando, porque una vez escalada, encuentras que no era sino una gran colección de rocas, arena y árboles". Es vital estar en un proceso, tener al frente una ilusión para seguir avanzando, estarte moviendo; es tener a la distancia ese viaje que aún no has hecho, ese riesgo que aún no corres, ese libro que aún no has escrito. Me preguntan cómo hago para mantenerme en "modo hervir" y no perder ni el ánimo ni la motivación, y siempre digo lo mismo: doy gracias a Dios por tener los seguidores que tengo, que son mi causa y mi razón de ser desde el punto de vista laboral; pero hay miles de millones de personas a las cuales todavía les podemos llegar y todavía no llego; seres que todavía atraviesan por depresiones, por los enfangados caminos de la pobreza o que no disponen de una sólida educación financiera; personas que no saben cuál es su propósito de vida o para qué vinieron a este mundo. Ellos me mueven, me motivan; ellos son mi ilusión para despertarme todos los días con alegría, incluso antes de que suene la alarma para despertarme; es ponerse de pie con todos los bríos, para que esos cinco minuticos de más, que surgen como tentación en la mañana cuando competimos con la almohada y un buen colchón, no se materialicen, sino que por el contrario sintamos que nuestra cama explota y nos empuja a estar listos para luchar por ellos, por quienes nos necesitan. Si al frente tienes un incentivo de vida importante, nunca bajarás la guardia. Por ello debes preguntarte YA: ¿cuál es esa motivación nivel 10 que tú tienes y ese sueño aún no cumplido?

Ya eres un ganador. ¡Y vas por más!

Eres resultado de que hubo un espermatozoide que le ganó a muchos más y fecundó un óvulo para que te originaras; le ganaste a las dudas y a la pobreza; le ganaste a la soledad y al abandono; le ganaste a la violencia, a las probabilidades que estaban en tu contra, a los que te decían que no servías para nada, que eras un bueno para nada; pero aquí estás, aprendiendo, cuestionándote, buceando dentro de ti para ser mejor; leyendo un libro que te hará crecer y servir a muchos seres humanos, ¡y te lo digo sin vanidad alguna! ¿Ves entonces por qué eres un ganador? Y no solo es eso; les ganaste a los que se burlaban de ti, a los que te matoneaban, a los que se reían por tu apariencia física, por tu supuesta falta de talento o de inteligencia, por tu dislexia o por X o Y razón; les ganaste a ellos. ¿Dónde están mientras que tú lees este libro?

> **También les ganaste a los que abandonaron, a los que no resistieron, a los que se suicidaron, a los que hoy están en el cementerio, en una tumba, sin poder hacer todo lo que tú sí puedes hacer. Quiero que te convenzas de ese gen ganador, que tengas claro que, aunque aún tienes muchas cosas por hacer, has hecho otras de las que te tienes que sentir orgulloso.**

Recuerda: tú naciste para volar, naciste para brillar, naciste para ser indomable; naciste para vencer las probabilidades que hay en tu contra y si alguien duda de aquello para lo que naciste, solo asegúrate de que tu corazón lata con mayor fuerza, que tu mente vuele más lejos y que tu sangre entre en modo hervir. Que cuando nos encontremos en el Olimpo y decidamos mirar atrás, encuentres que el pasado solo fue un trampolín para impulsarte e ir más lejos y que todo lo que viviste fue necesario para ser la persona que hoy eres.

Locura, inspiración e iluminación

En esta sociedad muchos se acostumbraron a lo que se usa, a lo normal, al *statu quo*; esto se come de esta manera, esta corbata se usa de esta forma, esta camisa combina bien con este pantalón mas no con este otro, así no se usa el maquillaje, y mil mandatos más que terminan por asfixiarte. ¿Cuál es el problema de hacer las cosas como siempre se han hecho? El individuo empieza a cansarse, a sofocarse, a restringirse; la vida se torna monótona. Si siempre seguimos haciendo las mismas cosas que venimos haciendo, ¿de dónde brotará el incentivo que debe caracterizar a un ser humano para producir cosas nuevas? ¿De dónde surgirá el genio? Demasiada leña para la hoguera termina por extinguir el fuego.

Hay que abrazar la locura, hay que invocarla, propiciar y estimular lo distinto, aquello que no se ha hecho, y que, sin tener por fin perjudicar a alguien, podría colorear un mejor futuro. Solo cuando haya esa posibilidad de pensar que algo nuevo puede hacerse, que algo nuevo puede crearse, que es posible desafiar lo que por tanto tiempo se ha realizado, estaremos respirando y abrazando a una nueva sociedad.

Nada grande saldrá de una mente totalmente cuerda y siempre cuerda. Solo los genios, los locos, los niños y los

iluminados podrán crear magia y hacer cosas excepcionales. ¿En cuál categoría te encuentras? Que no sea en la de los miedosos.

El miedo devora cualquier atisbo de creatividad que pueda tener el ser humano; ya que con antelación le fija su sentencia: eso no va a funcionar. Pura falta de fe.

Nietzsche sobre locura e inspiración

Una de las personas que en la historia abordó con mayor brillo el tema de la locura y la inspiración fue Friedrich Nietzsche, quien por cierto terminó loco. De su vasta prosa y abundantes escritos, extracto lo siguiente sobre el tema que analizamos. El filósofo alemán alimentó el debate sobre la locura y la genialidad con preguntas y reflexiones inteligentes, que cuestionan y ponen en duda lo establecido y lo que el ser humano requiere para ser más creativo. Él sostuvo:

> ¿Cómo puede uno volverse loco cuando no lo está y ni siquiera lo parece? ¡Ah, concederme la locura, poderes celestiales! ¡La locura, para que al menos yo pueda creer en mí mismo! Dadme delirios y convulsiones, luces fulgurantes y tinieblas, aterradme con el fuego y la escarcha que no haya padecido jamás mortal alguno, con un estruendo ensordecedor y figuras fantasmales; hacedme aullar, gemir y arrastrarme como un animal, ¡todo con tal de que pueda creer en mí mismo! Me carcome la duda, he matado la ley, la ley me angustia como un cadáver angustia al que vive; si no soy más que la ley, soy el más vil de los hombres [...] Los grandes hombres son como

> las grandes épocas, materias explosivas, enormes acumulaciones de fuerzas. Histórica y fisiológicamente, su primera condición es una larga espera de su llegada, una preparación, un replegamiento sobre sí mismos; es decir, que durante cierto tiempo no ha de producirse ninguna explosión. Cuando la tensión de la masa es demasiado grande, una irritación fortuita basta para llamar en el mundo al "genio", a la acción, a su destino.

Nietzsche, agitando con furia las aguas de la locura y la inspiración, abordó también el concepto del superhombre y el trabajo que cada uno debe hacer (al mejor estilo de la PNL o Programación Neurolingüística de nuestros tiempos).

> Se supone que nosotros mismos debemos encontrar el sentido y significado para nuestra propia vida. Uno podría rechazar las ciencias, como se podría rechazar la propia fe religiosa, pero conservar, pese a todo, valores morales. Para ello, el hombre debe, en primer lugar, convertirse en sí mismo. En segundo lugar, debe aceptar lo que la vida le depara, evitando los callejones sin salida del autodesprecio y el resentimiento. Entonces, por último, el hombre puede superar sus propias limitaciones y encontrar la verdadera realización como superhombre, el hombre en paz consigo mismo, que halla la alegría en su simple existencia terrenal, reconsiderándose en el absoluto esplendor de la existencia, satisfecho con la finitud de su condición de mortal.

Frente a la inspiración, Nietzsche afirmaba:

> Si conserva el más leve vestigio siquiera de superstición, difícilmente rechazará la idea de que alguien sea una encarnación, un portavoz o un médium de fuerzas irresistibles. La noción de revelación, en el sentido de que algo se vuelva repentinamente visible y audible con inefable

> seguridad y sutileza, algo que lo hace caer y lo deja profundamente perturbado a uno, no es más que una descripción de los hechos del caso. Usted oye, no busca nada; no pregunta quién anda ahí; un pensamiento se ilumina en un destello, con necesidad, sin vacilación, en su plena forma; yo nunca tuve la menor posibilidad de elección... Es un estado perfecto de estar fuera de sí mismo. Todo eso es involuntario en grado sumo, pero ocurre como en una tormenta de sensaciones de libertad, de actividad sin restricciones, de poder, de divinidad. Esa es mi experiencia de la inspiración.

El concepto de *superhombre* fue posteriormente manipulado por el régimen nazi para defender su política nacionalista y su doctrina sobre la superioridad de la raza aria, algo con lo que Nietzsche nunca estuvo de acuerdo. Para él, el superhombre hacía alusión a la *voluntad de poder*, a la superación, a la libertad de pensamiento, a la duda, a la misma filosofía del quizás, y a la eliminación de la mezquindad, expresada en la envidia y el resentimiento. Mucho me temo, tras leer a Nietzsche con juicio (y con pinzas), que se debió haber revolcado en su tumba, por décadas, con el ascenso y las atrocidades del Tercer Reich.

El himno del Modo Hervir

Energía = Dinero. La debilidad es una demoníaca plaga que se extiende por doquier a lo largo del planeta. Así como resulta muy escaso un deprimido inspirado; tal y como son extraños los emprendedores depresivos, resulta bastante raro ver a una persona con niveles muy bajos de energía y con una cuenta bancaria boyante. A menor energía menos dinero en la cuenta.

Si observas con cuidado la manera en la que hablan y se comportan la mayoría de los seres humanos, entenderás por qué esa misma mayoría es pobre, financieramente hablando. ¿Cuántas veces al día se quejan? ¿En cuántas ocasiones maldicen? ¿Con qué frecuencia hablan de enfermedades, problemas y de un sombrío futuro? Incontables. Aquello de lo que te quejas es aquello que atraes.

Se lamentan del día frío, así como del día caliente; de la comida con mucha azúcar o en la que abunda la sal; se quejan de que no hay dinero, del ruido, del pesado tráfico en su ciudad, del vecino que no saluda, de la rodilla que les duele, de la contaminación, del perro que ladra, del gato que maúlla; y mil quejas más. Lo curioso es que por lo general se quejan de aquello que no controlan, y lo hacen en voz alta, como si pensaran que su queja le importara a alguien. A nadie importa, excepto a ellos mismos. Esa queja se cuela en su sangre y mina su energía; llega a su sistema nervioso, y en su cerebro, ocupa el espacio que deberían habitar la creatividad y el genio para producir cosas nuevas, ideas de negocios, emprendimientos, libros y publicaciones, pinturas, obras de teatro, recetas de cocina, videojuegos, música maravillosa y muchas cosas más. Pero no, no es así. La queja y la debilidad tornan en tóxico a quien emite y alberga la queja; el individuo se vuelve incompetente, en la medida en que convive con seres diferentes y que aman una actitud de hierro, un modo hervir ambulante y su consecuente impacto en resultados. La debilidad resulta despreciable cuando encontramos momentos épicos de seres que a lo largo de la historia convirtieron al sufrimiento en un trampolín y a la adversidad en la mejor tribuna para mostrar su grandeza, donde quiera que se hallaran. El débil repele al fuerte; el débil, el que se queja y lamenta por todo, es quien simboliza la verdadera enfermedad terminal. No es un cáncer la que la pone de manifiesto, es la debilidad. ¿Cuánta gente con cáncer es sinónimo de fortaleza y esperanza; cuánta gente con cáncer es ejemplo de inspiración y resistencia; cuánta gente con cáncer no me inspiró para redefinir la palabra enfermedad y llamarla reto a vencer y sanación espiritual? Mucha. Invaluables, púrpuras, admirables.

Cállate, débil, cállate; tus quejas y tus lamentos aburren y te afean. Cállate, débil, cállate; tus quejidos me irritan y me provocan náuseas. Cállate, débil, cállate; millones de personas en el mundo, con más problemas que tú y con un tamaño de tragedia personal infinitamente más grande, ríen, abrazan, se esfuerzan, y con esperanza siguen adelante hasta vislumbrar un mejor futuro.

La fortaleza interior es el mayor de los regalos que nos da un ser superior. La mayor muestra de genialidad es alejar todo aquello que mentalmente te debilite, cueste lo que cueste y aléjese quien se aleje.

Desde esta tribuna hago un llamado a todos esos seres extraordinarios que lean estas líneas, incluso cuando ya me haya transformado (muerto), y que tienen la misión de dejar un legado y constituirse en leyendas: abracen la fortaleza, llénense de fuego, miren siempre lo positivo, analicen para qué les ocurren las cosas y de qué forma pueden aprovecharlas; que lo que pase por tu boca y por tu mente no evidencie atisbo alguno de debilidad y que tú solo seas más grande que cualquier adversidad. Esculpete con el sufrimiento, no derrames lágrima alguna por aquello que pareciera ser obvio al derramarla, puesto que, como leyenda en formación, sabes que el dolor de hoy será la fortaleza del mañana y que como púrpura que eres conoces que la aparente tragedia que hoy vives solo agrandará la epopeya de tu historia. Púrpuras del planeta: uníos en pos de una mentalidad de hierro y una actitud infranqueable ante el futuro. Mi sangre hierve en este momento, espero que la tuya también.

Ya logré muchas metas, ¿y ahora qué sigue?

Muchas personas me dicen que tienen un buen empleo o un emprendimiento exitoso, una bonita familia, buenos ingresos y que han viajado por el mundo. ¿Y ahora qué?, preguntan.

No te conformes con nada; la felicidad está en el futuro, no en el pasado; la felicidad se encuentra en esas metas aún no alcanzadas, en esos propósitos no cubiertos; en esas montañas aún sin escalar. La felicidad se encuentra en lo no cubierto. Que no te llegue el día en que, en tu lecho de muerte, mires hacia atrás y digas: "me faltó". Esas palabras resultarían absolutamente devastadoras, sin que haya tiempo para revertir la historia. Si tus ingresos están bien, pues que ahora sean extraordinarios; si tu empleo es bueno, que ahora sea mucho mejor; si tu emprendimiento fue exitoso, crea uno nuevo; si viajaste por 50 países, visita ahora 100, pero ve por mucho más, y no solo en grandes cosas sino también en las pequeñas cosas de la vida; si lees un libro al mes, ve por cuatro como mínimo; si vas al gimnasio una vez a la semana, que de hoy en adelante sean tres o cuatro veces, pero siempre sube el listón, aumenta tus exigencias. Miguel Ángel, ese gran genio del Renacimiento junto con Leonardo da Vinci, afirmaba: "Nuestro problema no es tener expectativas altas y que no las alcancemos, sino que sean muy pequeñas y las alcancemos". Cuando te exiges mucho más, logras mucho más y te voy a poner un ejemplo: hay dos referentes en el tema de escribir libros que son muy inspiradores para mí. Deepak Chopra y mi amigo Camilo Cruz. En el momento de escribir estas líneas, Chopra ya había publicado más de 80 libros y Camilo Cruz, 38 libros. Este es mi libro número nueve. En ese sentido me miro en ellos y digo que me falta mucho por hacer. Siempre ten presente a referentes en el campo de tu interés y nunca cesará el modo hervir en tu vida. Siempre hay más cosas por llevar a cabo.

En qué invierto hoy

Ahora que encuentro en la espiritualidad un componente que no puedo separar de mi actividad financiera ni de mi vida, siento que tengo más experiencia y conocimiento, más fuerza y determinación, para seguir profundizando en mi propósito de vida que es, como lo he dicho, inspirar y ayudar a transformar la vida de millones de seres humanos en educación financiera y crecimiento personal. En ello invierto mi dinero, en ese propósito, haciendo más videos, más eventos multitudinarios, leyendo más, viajando más, escribiendo más. Cuando tú inviertes en las cosas que mejor haces, el resultado depende de ti, de tu gestión, de tu determinación y de la fuerza que pusiste a ese objetivo. También invierto en experiencias, en vivir la vida; invierto en darme gusto y darles gusto a los que me rodean. Invierto en libros, mucho dinero en libros; en entrenamientos especializados en finanzas, inteligencia emocional y programación neurolingüística. Invierto en arte y en general en lo que me hace feliz. Hasta hace algún tiempo invertía solo una pequeña proporción de lo que me ingresaba en viajar por el mundo. He cambiado. Cada vez destino más recursos a ese placer. ¿Sabes por qué? Porque el día de mañana nadie me lo ha asegurado. Muchas personas atesoran y acumulan dinero; y súbitamente les dicen: "tienes una enfermedad terminal, un cáncer con metástasis múltiple y tus días están contados"; o algo así: "tu colesterol está muy alto y tu salud ya no funciona como antes". ¿Sabes qué ocurre en ese momento? Querrán vivir como siempre quisieron y ya no podrán. Demasiado tarde. Soy consciente de que cada día hay que vivirlo como si fuera el último; no se trata de despilfarrar ni de hacerle una apología al gasto. Nada más lejano a mi filosofía de vida. Pero recuerda por favor: vive, date gusto, vístete bien si eso te hace feliz; sal a cenar una vez por semana como mínimo si eso nutre tu espíritu; patrocina causas nobles, ayuda a quienes lo merezcan, pero invierte en ti, es tu mejor inversión.

Los incomprendidos

¿Te ha pasado que muchas veces no te entienden y que no encajas? Se burlan de tus sueños tus familiares y amigos; llegas a tu casa con ilusiones, con un proyecto, con un emprendimiento en la cabeza y sin asomo de sonrojo alguno te lo pisotean y te vaticinan que no funcionará. Te tildan de soñador, de bueno para nada, de iluso; ¿te ha pasado eso? Pide consejos, pero siempre juégatela con la tuya, con lo que sientes, con lo que pienses, en aquello en lo que crees profundamente; solo podrán pasar dos cosas: que te vaya bien o que te vaya mal; si te va bien, gran satisfacción; si te va mal, te harás más fuerte, más sabio y resistente; una persona con más experiencia.

> **La mayor tragedia que tiene un ser humano es vivir la vida que otros quieren que viva. La mayor tragedia siempre será estar pensando en darles gusto a los demás, pero ¿y tú? ¿Qué pasa con tu felicidad?**

Mira a los grandes genios de la historia; fueron incomprendidos, personas que no encajaban, que hacían cosas distintas, que desafiaban lo establecido; mancillados, criticados por demasiados, pero leyendas. Quienes los criticaron y les hacían *bullying* o matoneo, los que se burlaban de ellos, hoy nadie los recuerda. "Yo me rijo en este mundo sin ceder un pelo del ser que me conserva por dentro y me hace feliz", decía Goethe. Si tú como yo te sientes incomprendido en muchas ocasiones, o un bicho raro en otras tantas, que no encaja en muchos temas, que no es normal en tantos otros; dale gracias a la vida por ello. Por ser diferente, distinto, por no encajar. La vida solo recuerda a los extraordinarios y la historia solo se ocupa de las leyendas, esas mismas que fueron incomprendidas.

Construye tu propia realidad

Construye tus espacios; construye tu vida. Cuestiono mucho el concepto *burbuja*, esto es, cuando alguien pretende sumirte en una vida X porque, según él, o ella, deberías vivir en una vida Y. Todos vivimos en algún tipo de burbuja, solo que posee diferentes elementos. Si vives una vez, tienes el derecho y el deber a construir tu realidad con la gente, los hábitos, las conversaciones, las lecturas, la comida, la música, las palabras, la ropa, que tú escojas, no la que te imponen. Si eso es una burbuja, bienvenida. ¿Acaso no vives en una casa? ¿Es igual que las demás? ¿Tienes allí lo que te gusta, está decorada a tu manera y con las cosas que deseas? Seguro que sí; porque habría de ser distinto con toda tu vida. Vívela a fondo, a tu manera y no tendrás remordimientos; vive la vida que otros quieren que vivas y siempre añorarás tener más vidas. Pero ya no tendrás tiempo, ni fuerzas para hacerlo.

Te han dicho algo así como; "¿Y no te enteraste de esa noticia? ¿Y no conoces a esa persona que 'todo el mundo conoce'? ¿Y acaso no estás viendo esa serie? Está de moda; todos la ven". Tú solo di: ni me enteré, ni la conozco, ni la vi; no encajan en mi mundo. Y dilo sin sonrojo alguno. Quienes suelen juzgarte por la burbuja en la que vives no llevan una vida fascinante o digna de ejemplo, no. Llevan vidas mediocres, cargadas de pesimismo, baja energía y logros mínimos. Y no podía esperarse otra cosa. Solo viven como piensan, y lo que piensan está viciado por la pobre realidad que escogieron para vivir, su propia burbuja. En cierta ocasión el famoso actor, director y productor de cine, Clint Eastwood, dijo: "Mientras más viejo me vuelvo, más me doy cuenta de que está bien vivir una vida que otros no entiendan". Así de simple es.

Y lo cierto es que dependiendo de las personas con las que hables, las cuentas que sigas en redes sociales, las noticias que leas, la televisión que veas, la radio que escuches, percibirás el mundo. Y tras ello, podrás decir: estamos en crisis o, por el contrario, el mundo es un fascinante recipiente de oportunidades de progreso.

Como lo he sostenido en anteriores publicaciones, la realidad es solo una interpretación. El pesimismo es una decisión; como también lo son el resentimiento, la rabia y la venganza; pero también el optimismo, la compasión, el perdón y la empatía. No existe entonces una realidad única, toda vez que tu realidad puede ser muy distinta a cualquiera otra.

Lo mejor de todo es que tú la puedes construir. No existe tampoco definición única para la palabra *crisis*. Para algunos, *crisis* es un pesado morral que cargan a diario y que les impide avanzar. Para otros, es una feliz oportunidad para satisfacer necesidades y darle la vuelta a una coyuntura que pudiese parecer apocalíptica. Llevemos este análisis aún más lejos. Si adoptas como tuya esta filosofía de vida, todo será bueno y no porque no pasen cosas que pudiesen rotularse como desagradables por parte de algunos, simplemente son buenas porque así has decidido que sean. Pasan cosas, tú las defines.

Sucederán muchas cosas y tu felicidad no dependerá de ellas. No es lo que te pase a ti, es lo que pase en ti, vuelve y juega. Tu felicidad no depende de nadie, depende de que quieras ser feliz. Comer una banana puede ser trivial, normal o incluso un acto involuntario; o puede ser una feliz experiencia en la que te detengas y decidas saborearla, valorar el proceso que llevó ese alimento hasta tu boca y dar las gracias por poder ingerir algo con lo que muchos estarían felices en muchos lugares pobres del mundo. ¿Ves la diferencia? Y solo te hablo de una simple banana. Ahora imagínate todo lo que gravita a tu alrededor y que puedes convertirlo en alegría pura, gratitud y combustible para ser más feliz y vivir mejor.

Pasan cosas, tú les das el sentido. He tomado la decisión de ser feliz y de apalancarme con cada suceso; no quiero desperdiciar ningún día en mi vida con palabras tristes y actitud quejumbrosa. Por el contrario, tengo un lente que tiñe de color lo que solo pareciera oscuro, negro o gris. El lente

tiene un precio: decidir ponértelo sin excusas ni vacilación alguna. Una vida feliz no es un accidente, es simplemente una decisión, la decisión de ser feliz.

¿Qué tanto sabes?

Tú sabes lo que sabes; tú sabes lo que no sabes; pero lo que no sabes que no sabes es lo que más importa para cambiar tu realidad. Juzgamos y actuamos según la información que tenemos. Por ello es tan importante leer, informarse en fuentes que sean veraces, serias y de trayectoria, e ir más allá de lo que damos por sentado. Cuando tenemos más información, disponemos de un mayor número de opciones para actuar, y al hacerlo, mejores serán los resultados. Es posible que siempre hayas dicho: "nadie sabe el día de su muerte". ¿Sabes que algunas personas predijeron cuándo morirían? Jesucristo, el yogui Paramahansa Yogananda y el mentalista holandés Gerard Croisset constituyen solo 3 ejemplos que derrumban esa milenaria expresión. Imagínate entonces la cantidad de temas que crees conocer y que no conoces; piensa por un momento en las verdades que crees tener y que no lo son; reflexiona sobre los paradigmas que condicionan tu vida y que se edificaron sobre bases falsas o débiles.

Lo anterior no es poco. Pensamos, hablamos y actuamos con base en nuestra realidad. Pero ella está contaminada de ignorancia y de verdades a medias, y por ende decidimos a medias, qué hacer y qué no. La humildad es un fantástico recipiente donde cabe mucho más conocimiento del que tenemos. En la medida en que seamos humildes seguiremos dejando espacio para que más conocimiento llegue a nuestro ser, nutra nuestra realidad y les demos mayor sustancia a nuestras decisiones.

¿A qué dedicas tu tiempo?

Juegas a las cartas con tus amigos o juegas en línea con los videojuegos en una habitación o usas una aplicación de entretenimiento en tu teléfono móvil; o, como segunda opción, lees un libro de tu autor o tema favorito. Las dos alternativas las disfrutas, te gustan. El tema es este: *el resultado*. En la segunda opción el resultado es claro: leíste un libro. Pero, en la primera, ¿cuál es el resultado? Ahora utiliza ese ejemplo simple para cada uno de los días de tu vida. Tienes una conversación sobre un tema, los famosos memes, por ejemplo; o sobre otro, emprendimiento. Los dos, de nuevo, son de tu interés y agrado. No juzgo ninguno (de hecho, el humor me parece un tema importante en la vida de cualquier ser humano). Pero, vuelve y juega: ¿y el resultado? Del segundo tema salió una empresa nueva o como mínimo un negocio. ¿Y de los memes qué salió? Una fantástica noche, dirás. También lo era con el tema del emprendimiento. Placer y logro eclipsan al mero placer. Vas a un concierto (y me he referido ya al tema y he citado que asisto a algunos) o vas a una conferencia. Analiza placer y logro. En el primero cantas, te diviertes con tus amigos, te tomas unos tragos y la pasas de maravilla. Pero al otro día estás igual que antes, nada ha cambiado en tu vida. ¿Disfrutaste? Por supuesto. Pero ¿y el resultado? No lo hay a simple vista. ¿Lo hay con la conferencia? Evidentemente, puede incluso haberte cambiado tu forma de pensar, por ende, tu existencia, y también la disfrutaste. Mensaje claro entonces: no vayas por una cosa: placer; ve por las dos: placer y logro.

Humildad y autopromoción

Se requiere valor para anunciar quién eres. Para que el mundo te conozca y sepa de tus gestas; se deleite con ellas y, embriagados de regocijo, las emulen y pongan a prueba. Sí, tus gestas. ¿Cuáles? Esas mismas que te permitieron sobreponerte a todo, aguantarlo todo; superar momentos difíciles; la pobreza, que te colmaba de angustia cada día, la exclusión, la violencia familiar, el matoneo que todavía se aparece en tus peores pesadillas, ese negocio que no funcionó, esa ruptura sentimental que partió tu corazón en mil pedazos, la soledad, única compañera en tantas noches en las que fantaseabas con abrazos que no llegaron, con una simple compañía. Esa es tu historia. Y aquí estás, habiéndola vencido. Una historia para contar e inspirar, no para guardarla, como se guarda una carta que ya se leyó o tal y como se envía al baúl de los recuerdos un objeto que ya no se usa. No. No seas egoísta.

Cuenta tu historia, siéntete orgulloso de tus logros y que tus palabras y actitud no los minimicen. ¿Si tú mismo no te promocionas quién lo hará?

No alardees, no presumas en exceso ni te conviertas en un egotista. Pero no calles; modela leyendas en el arte de la autopromoción: el escapista e ilusionista Harry Houdini y el gran poeta cósmico del siglo XIX Walt Whitman, inmensos por su obra, e imbuidos de confianza en sí mismos para irrigarla por el mundo y asegurarse de que en ningún rincón la desconozcan; esa misma confianza que pudiere faltarles a los que temen hablar en primera persona, ex profeso, anestesiados con un miedo que los asfixia y corta el aire, un miedo que tiene una macabra génesis: el qué dirán los demás.

La falsa modestia me produce irritación; una irritación similar a la que brota cuando atestiguo episodios de vulgar alardeo, en los que las formas mancillan el talento o el logro que subyace. Una persona que peque por exceso de modestia es eso, "pecadora"; su pecado es el anonimato; su pecado es la sombra que la protege y sirve de guarida; su pecado es el miedo a la luz; su pecado es abandonarse a la interpretación de los hechos que puedan hacer los mortales, la gente de a pie, el vulgo mismo, ante su incapacidad de anunciarlos en primera persona, concederles su propio mérito, extraerles la sustancia, la savia misma, para que no solo quede registrado el logro, sino también para que se cultive la conclusión, el ejemplo, ese que permitirá la réplica, la misma emulación. Si por una falsa modestia, que riñe con el genuino concepto de humildad, no valoramos y explicamos nuestros propios logros, para inspirar a quienes aún los tienen por esquivos, escuálido será el favor prestado; los hechos hablan más que las palabras, dirán algunos; pero las palabras sobre los hechos son aún más trascendentes que los hechos mismos. El hecho puede ser muy frío: una medalla que se logra, un récord que se impone, una marca que se bate, una meta que se alcanza, una fortuna que se duplica, un cargo que se obtiene, una empresa que pasa de números rojos a números negros. Fantástico. Pero ¿cómo se logró? ¿Qué lo inspiró? ¿Cuál fue la génesis de ese hecho? Solo lo dirá con precisión quién lo hizo, el protagonista de la historia. Un momento; a ese actor principal se le dijo, desde tiempos inmemoriales, que no hable de sí mismo, que eso no está bien, que ello riñe con los finos modales y la buena conducta; que mejor mantenga un bajo perfil, que no alardee, como si ello fuera alardear. Eso no es humildad, es egoísmo y es miedo. Pensar que todos entienden lo que ven o lo que oyen es inocente por decir lo menos. Las personas necesitan pedagogía y "alta plastilina", información procesada, el producto mascado, antes de ser digerido. Hay muchos millonarios que no son referentes, ni motivo de inspiración, ni los detienen en las calles, parques o aeropuertos para tomarse una foto con ellos. Tienen el hecho, dinero, pero no han contado la historia. Los llegarán a despreciar incluso. Y podrán ser muy nobles, buenos de corazón y harán el bien aquí y allá, en silencio. Qué bien. Pero el hecho perdió el impacto que necesitaba la sociedad. La historia que inspira, la narración; los secretos que se esconden tras el logro, la magia misma detrás del resultado. Y te repetirán y se multiplicarán las voces: "es que el protagonista es muy tímido, prefiere no figurar, es de un bajo perfil". No es que sea tímido o prefiera el anonimato; posiblemente es miedoso y hasta egoísta. Compró una historia, el silencio y la satisfacción personal, sin percatarse de su alto precio, el olvido y la no trascendencia.

Nuevos hábitos para producir resultados

Cuando tú tienes expectativas altas para tu vida en lo material, en lo emocional y en lo espiritual, te debes volver mucho más exigente con los hábitos que desarrollas día a día. Quiénes te deben rodear, qué tipo de lecturas debes hacer, cuánto debes ganar. Tus hábitos determinan tus resultados. La mayoría no es pobre porque carezca de dinero, lo es porque carece de buenos hábitos. En *Hábitos de ricos* ya he dado cuenta de la necesidad de ser autoexigente y subir el listón, esto es, poner la vara más alta, para que al apuntarle a una mayor altura nuestras acciones le sigan.

Tú consigues más cuando te pides más; quien no se exige a sí mismo no tiene derecho a exigirles a los demás. Las exigencias deben abordar lo espiritual y lo emocional y no únicamente lo tangible, lo que se pueda contar, como, por ejemplo, los libros que lees al mes o el número de veces que visitas un gimnasio. A continuación, me propongo explicarte cómo han ido evolucionando mis principales hábitos, uno por uno, para vivir una vida extraordinaria.

Alimentación

En el momento de escribir este libro había bajado 10 kilos de peso durante el último año. Pesaba 65 kilos, un peso con el que me siento bien. Más allá del número, que por cierto no te dice nada, subyace una historia que sí puede ser de tu interés: cómo lo logré. Menos dulce y harinas, sobre todo después de las 8 de la noche; más verduras frescas y consumo de frutas naturales; menos carnes rojas, a mi pesar, y por la demora metabólica que produce su consumo en mi organismo. Mucha agua con limón. Mis asesores de nutrición y deporte me han insistido en erradicar de mi dieta la Coca-Cola y el café. Debo ser sincero contigo diciéndote que no les he hecho caso y que por ahora no se los haré. Es una licencia que me permito; si no estás de acuerdo, déjame decirte que muy probablemente tengas la razón. Te pido que me eximas de esa culpa. Warren Buffett ha vivido más de 80 años y se ha tomado muchas más Coca-Colas que yo. Te preguntarás cómo he vencido la tentación de los dulces y los asados que en abundancia solía disfrutar en el pasado. He puesto en práctica una máxima que ya me has leído: un placer se reemplaza por otro. Me resulta placentero tener más salud, menos colesterol, verme más delgado y con un abdomen plano y, por supuesto, vencer a Matilde y decirle que soy yo el que manda en materia de alimentación y no ella y sus designios.

Oración

Tengo dos jornadas de oración diaria como también lo he expresado. Reflexiono sobre lo que escucho, escojo lo que está acorde con mi propósito de vida y desecho aquello que no. No trago entero ni compro todo lo que me dicen, pero con humildad actúo como una esponja y absorbo lo que considero debo hacer y me es útil. Soy muy autocrítico. Quiero más esfuerzo y depuración en mi interior; más limpieza y sanación, eliminar cualquier rastro de odio, juicio y descontrol que pudiera quedar en mí. Estoy entregado a una voluntad superior y mi fe crece a diario. Hoy confío más que nunca en Dios y en su hijo Jesucristo como rectores de mi vida. Asisto sin falta a la misa dominical donde quiera que me encuentre. La oración me depura y la necesito; se la inculco a mis hijos, a quienes les digo que nunca se vayan a la cama sin haber orado, dando las gracias por todo lo bueno que tienen y que quizás no valoran lo suficiente, y pidiéndole a Dios que les permita sentirlo y que sus actos lo hagan sonreír.

Actividad física

La llevo a cabo mínimo cuatro veces por semana. Realizo ejercicios en la banda elíptica para un mejor funcionamiento cardiovascular y también tengo una rutina diaria de pesas. Hago 300 abdominales durante cada jornada diaria, que se extiende hasta por 50 minutos. Esa actividad física se convirtió en un saludable hábito y en motivo de disfrute para mí. Debo reconocer que no fue fácil al principio y que Matilde, esa voz interior limitante, desafiaba mi voluntad. Hoy me siento y me veo mejor, lo cual también aumenta la confianza que tengo en mí mismo.

Lo que veo

Veo documentales y biografías en YouTube. De distinta índole; empresarios, pensadores, conversos, leyendas del deporte, historias de personas que nada tuvieron y que hoy viven una vida de abundancia. El fútbol, uno de mis *hobbies*, no se puede quedar atrás; con anticipación me programo para ver los partidos que más me interesan y lo disfruto plenamente. Hoy en día abundan los canales de deportes y hay partidos por doquier, en las mejores ligas de futbol del planeta. Pero no me quedo ahí, sentado todo el día en una silla viendo futbol. Eso no es púrpura; el tiempo apremia y hay que ser selectivos y ver solo lo prioritario, lo que más disfrutemos. Que el entretenimiento no se engulla la educación, ni la lectura, ni tu propósito de vida. No seré futbolista, pero sí educador, inspirador, escritor y conferencista. Por ello, a esto último, le dedico el tiempo que se merece, no a ver futbol por horas y horas. El futbol es una "enfermedad" que llevaré hasta la tumba.

Lo que leo

Leo mínimo cuatro libros al mes. He incorporado muchos libros de filósofos, teólogos y pensadores, a quienes sigo con gran avidez. También sigo leyendo sobre educación financiera. Las biografías siguen siendo una pasión para mí. Pregunto bien a mis libreros preferidos por el contenido, antes de comprar. Escaneo bien el libro. He afinado la habilidad de qué leer y qué no, lo cual me ayuda a maximizar el tiempo que tengo. Subrayo por doquier, tomo notas y realizo videos, unos cortos, otros más largos, sobre lo más sobresaliente de cada ejemplar. Hacerlo tiene un múltiple objetivo: por un lado, recordar lo que considero importante; por otro, socializar con mis seguidores lo que he aprendido, y, por último, al evocar lo leído, lo mastico nuevamente, para que nuevos sabores se desprendan y quede bien decantado lo que leí.

Alejar las compañías tóxicas

Cada vez me engancho menos, esto es, no me involucro en discusiones estériles que poco suman y que minan mi energía. "Simplemente dejo que el agua corra". No debo ni tengo que responderlo todo. Reservo fuerzas y no polemizo. No hablo con los tóxicos con la frecuencia que ellos quisieran y demandan. Es una decisión de vida y un grito prestado de sabiduría. Robert Greene lo dice así en el libro *Las 48 leyes del poder*: "Cuando sospeche que se encuentra en presencia de una persona contagiosamente tóxica, no discuta, no intente ayudar, no derive a esa persona a sus amigos, o se verá involucrado sin remedio. Huya de la presencia de la persona tóxica o sufrirá las consecuencias".

Sigo escogiendo con lupa a mis amigos; comparto tiempo, bien a través de videos o por medio de la lectura, con aquellos que me inspiran, que me enseñan, con esos seres humanos que a través de su ejemplo dan testimonio de lo grandes que son o que fueron. Muchos de ellos están muertos o transformados, pero eso no impide que sean mis amigos. Para mí están más vivos que nunca. Son amigos de distintas razas, género, siglo, profesión, actividad, edad y origen. Quiero emularlos y atreverme a grandes gestas, como las que protagonizaron. Me inspiran, los modelo, repito esos videos que veo y las biografías que pasan por mis manos; me deleito y paladeo su transformación, épica en muchas ocasiones. Me cautivan las epopeyas, las cosas imposibles que lograron e hicieron, la incredulidad que superaron, las dificultades que vencieron, el sufrimiento que los aquilató, tal y como ocurre con el oro cuando se pone al fuego, y sin permitir que su calor abrasador mitigara su marcha o cortara sus ímpetus. No, todo lo contrario; la vicisitud se convirtió para esos referentes, mis amigos, en excusa perfectas para superarse y en el aliciente necesario para esculpirse y vivir así lo que debían de vivir.

Aún recuerdo lo difícil que fue para mí desprenderme por varias horas de un fascinante libro que estaba leyendo, titulado *Los grandes personajes de la historia*, y solo para atender uno de esos "emocionantes" compromisos sociales a los que debemos asistir, sí o sí, en ciertas ocasiones. Estaba impaciente por retornar a casa y terminar de leerlo. La competencia era muy desigual; en el libro estaban Alejandro Magno, Margaret Thatcher y Nelson Mandela, entre muchos otros; en la reunión social estaban la Fercha, el Gordo y Carepollo... Sin palabras.

Pequeñas victorias diarias

Recordemos que las pequeñas victorias diarias son acciones que emprendemos para corregir los defectos que más nos sabotean. Detener un juicio, para el que juzga con ligereza; levantar la mano, para el que teme hablar en público; despertarse más temprano, para el que tiene dificultades en madrugar. Hacer lo contrario a lo que te indica tu voz interior limitante. El hábito es poderoso y determina tu destino. Vencer aquello que te impide avanzar más rápido no da tregua. De tiempo atrás precisé los defectos más arraigados y que más me saboteaban. Tú tendrás los tuyos; enfréntalos y véncelos, con placer. Que cada defecto sea un reto y cada miedo un objetivo por superar. Continúo con el rigor de no juzgar, nunca odiar y autocontrolarme. Nunca perder el control ni salirme de casillas se ha convertido en una obsesión para mí. Voy bien y debo seguir mejorando. *La base, el filtro y la decisión*, expuestas en este libro, son una arquitectura de vida, o como la he llamado, una bitácora u hoja de ruta para hacer bien la tarea, vencer esos obstáculos y no claudicar.

La maestría del minuto a minuto

La maestría del minuto a minuto es estar evaluando si lo que pensamos, decimos y hacemos representa nuestra mejor versión, recuérdalo. ¿Eso que pensaste, dijiste e hiciste, habla por ti? He subido listones y exigencias desde que expuse esta práctica diaria en mis anteriores publicaciones, aunque siento que me falta mucho por aprender y por lograr. Tengo la sensación que el progreso no es tan rápido como quisiera y estoy seguro de que lo mismo te pasa a ti. Sin embargo, me desprendo de mí, y a la distancia le digo a Juan Diego que tenga fe y paciencia, que el "universo no se queda con nada y que al que le van a dar, le guardan". Que haga méritos suficientes y que permita que ese universo se encargue del cómo y del cuándo.

Dar las GRACIAS / Hacer de la gratitud un hábito diario

He sido partidario de la oración; la oración tiene un poder curativo y transformador para limpiar el espíritu y conectarse con las prioridades que tenemos. Lo primero que hago cuando me levanto, después de despertar a mis hijos, es dedicarle unos minutos a rezar y orar. Siempre durante el día realizo como mínimo dos meditaciones y tengo también espacios de 15 minutos en el día y en la noche para escuchar transmisiones de sacerdotes o guías espirituales. Ese tipo de audios me ayuden a ir más allá del modo hervir en el que me mantengo y de la vorágine en la que se convierten muchos de nuestros días cuando tenemos propósitos de vida exigentes. La mayoría de la gente cree que por tener tanta energía y rendirle culto a ese modo hervir siempre estoy a mil por hora; no es así. Tal y como ocurre en nuestro evento de Programación Neurolingüística, Cero Imposibles, a las actividades con un alto componente de energía, transpiración y frenesí, les siguen otras de calma, silencio, reflexión y meditación. *Hay que aquietar las aguas y paladear momentos que no deben estropear las altas velocidades.* Después de orar no somos los mismos; a mis hijos les digo que nunca se vayan a la cama sin un padrenuestro y sin un avemaría; y no solo es rezarlo y decirlo como autómatas, no; hay que vivir la oración, sentirla, procesarla, interiorizarla. Como lo dijera santa Teresa de Jesús, y citado previamente, "Orar es hablar de amor con quien nos ama". Otro punto importante es el agradecimiento, dar las gracias; nadie se hace a sí mismo. Empieza por pensar cómo llegaste al mundo; nos crearon y nos ayudaron, no fuiste consultado ni aprobaste lo que se debía hacer. Lo que estamos viendo, oyendo, sintiendo y respirando no puede pasar de largo todos los días sin vivirse, sin ser decantado; hay que estar conscientes de ello y dar las gracias por poder hacer todas esas cosas. Gracias, Dios, por ayudarme; gracias, Dios, por poder impactar vidas; gracias, Dios, por poder dar un consejo; por la salud, por tantas cosas que hay que agradecer; es que, si algo no se ve bien, son las personas que, teniendo tantas cosas buenas para dar gracias, pasan de largo y nunca las dan, como si todo se lo merecieran por descontado.

UNA NUEVA VIDA

Hacia una vida mucho mejor

Hay personas que al atravesar momentos difíciles se preguntan cuándo mejorará su vida. Si el escepticismo se acentúa, como resultado de una demora en aquello que ansían, llegan a repetirse la surrealista frase: "esta fue la vida que me tocó". Sin embargo, si repasamos la historia, encontramos que en la adversidad se cocinaron algunos de los más épicos testimonios de transformación espiritual (En *Menos miedos, más riquezas* dedico un capítulo entero a referentes e inspiradores que pasaron de la pobreza a la riqueza, de condiciones difíciles en lo financiero a llevar una vida de abundancia, esto es, otros conversos).

Estos testimonios espirituales, me han servido de inspiración para depurar mi interior, y, por ende, para mejorar mi exterior, emocional y material. Lo que expongo está dirigido, mayormente, a aquellos que creen que no es posible cambiar o que las dificultades llegaron para quedarse o los que dicen "genio y figura, hasta la sepultura". Me detendré en varias historias específicas, de las que me he vuelto devoto, y extrayendo de ellas lo que considero más importante para ti.

Empiezo con la de san Francisco de Asís. Cualquiera que haya oído este nombre lo asociará con un santo y con una vida intachable. Francisco, no obstante, fue un auténtico *gigolo*, un *playboy* medieval, un conquistador, que hacía uso de los privilegios que le concedía la posición social de su familia en la Italia de fines del siglo XII y principios del siglo XIII. Pero él no había nacido para quedarse allí. Un punto de inflexión se presentó en su vida: Asís, la localidad en el que vivía, fue atacada y entró en guerra; a Francisco le correspondió combatir; estuvo preso un año, luego del cual se gestó su mística historia de transformación. Era otra persona; a tal punto que leyendo el detalle de su vida y devorando con gran placer y curiosidad algunos videos sobre semejante personaje, me llego a preguntar con asombro qué pasa en su interior, qué mérito tiene o qué condiciones reúne para que se cuele en su ser la presencia de Dios, tal y como se presentó. El cambio de Francisco fue tan grande que no solo renunció a la libertina y deshilada vida que llevaba, sino que también mutó a una vida de frugalidad extrema, mendicante, asceta como la que más, y radicalmente diferente a la que antes llevaba. Sus prácticas eran tan legendarias como inverosímiles: comía del mismo plato de los enfermos de lepra; impregnaba su comida, la poca que tenía, con cenizas, para flagelarse y purificarse según él; pedía limosna y apenas si alguna prenda le cubría su cuerpo. Más allá de cualquier religión que se practique surge una inquietud profunda, y natural por demás, de preguntarse qué pasó realmente en Francisco para que se materializara un cambio tan radical. Una experiencia mística, de esas que subestimaba la razón del gran filósofo Baruch Spinoza, y que se constituyen en ejemplo de la dimensión espiritual que ignoran los ateos, parecería ser la aproximación a una respuesta adecuada. Las personas que en la historia dan ejemplo de grandeza y que personifican grandes gestas no nacieron santas precisamente; Francisco no nació haciendo milagros o derramando bendiciones desde su bautizo o transpirando incienso en etapas tempranas de su vida. No. Por el contrario, pareciera que muchos de los grandes santos y referentes espirituales de la historia necesitaron experimentar periodos oscuros, convulsionados, tras los cuales su metamorfosis revistió de épica su existencia. Es algo así como decir que sin sepulcro no hay resurrección. Muchas personas nacen como cualquiera; ocurre lo mismo con algunos millonarios, que no nacen en cuna de plata; o con los emprendedores, que no llegaron al mundo y empezaron a emprender o fueron hijos de empresarios; o con los cantantes o artistas, que no irrumpieron siempre con una voz privilegiada o grandes dotes histriónicos. Sucede algo que trasciende su capacidad, que va más allá de ella, y que se relaciona con lo divino, a fin de que se presente un cambio profundo. La vida de san Francisco de Asís es una historia fascinante, que nos muestra, una vez más, que por haber nacido con determinadas circunstancias no tienes que permanecer atado a ellas. Tú, por haber nacido en medio de muchas dificultades, no tienes que seguir viviéndolas; tú, por haber vivido una vida poco santa o ser el más pecador de los pecadores, no tienes que seguir transitando por ese mismo camino; la reconversión es posible. Esa es una noticia fantástica.

El de Agustín de Hipona es otro caso, y no menor, es trascendente y épico; en su libro *Confesiones* (que admito casi no termino de leer, por la espesura de su prosa y la abundancia de detalles), se da cuenta de que era promiscuo, mujeriego e hizo sufrir tanto a su madre que solo su radical conversión mitigó el sufrimiento que por décadas albergó quien lo parió. Agustín tuvo un hijo fruto del concubinato con una mujer; divagó por más de 30 años sin un propósito fijo para su vida. Hoy sin embargo lo recordamos como san Agustín, sí, el mismo que nos inspiró con esa frase que aquí repito: "Todo santo tiene su pasado y todo pecador tiene su futuro", lo que en buen romance significa que siempre hay esperanzas para una conversión desde tu interior. Volveré más adelante a hablar de él.

Dejo atrás por un lado lo religioso y migro hacia escenarios múltiples sin perder su trasfondo espiritual: Simón Bolívar, el famoso libertador de cinco naciones de Suramérica. Bolívar fue un *playboy* criollo que, en sus épocas díscolas por Europa, jugando aquí y allá, y cortejando a una y a otra mujer, llegó a llorar al lado de una estatua de Alejandro Magno, ante la que dijo: "Tú a mi edad ya habías conquistado el mundo; pero yo aún no soy nadie". Cualquiera que lea sobre la vida de Bolívar en Europa, y en plena juventud, no hubiera imaginado jamás el desenlace que tendría su existencia, cargada de estoicismo, valentía, arrojo y determinación. Una moraleja debe desprenderse de historias como las que vamos destacando, de forma sucinta, y que no serán las últimas, claro está: "en el desayuno no siempre se sabe cómo va a ser el almuerzo", o la comida, como le dicen en México.

Tú puedes partir de condiciones difíciles; puedes empezar siendo poco exitoso y terminar siendo una estrella, un *crack*; puedes comenzar siendo un demonio y terminar convirtiéndote en santo. Haz la tarea; acumula méritos y deja que Dios se encargue de cómo se produce el resultado.

Tal y como lo expresa Rüdiger Safranski, en su libro, *Goethe, la vida como obra de arte:*

> El poeta alemán consideraba que la confianza en Dios puede movilizar las propias fuerzas, y en este sentido representa una forma superior de confianza en sí mismo, pues no se trata solamente del yo empírico, sino de una mismidad más alta, incrementada, que se siente inmersa y rebasada en Dios [...] A Goethe le fascinaba la experiencia espiritual que parecían tener algunas personas, a la que llamó aperçu o "golpe de vista", y que en detalle expresa un concepto importante en su filosofía tardía: "es el percatarse de una gran máxima, que es siempre una operación genial del espíritu". Semejante aperçu da al descubridor la mayor alegría, pues apunta a lo infinito de manera original, no necesita ningún transcurso para llegar a la convicción, brota por completo en el instante. Esa operación genial del espíritu o aperçu es caracterizada por una experiencia absoluta de la totalidad, la transformación de la persona y su carácter súbito [...] Lo que en los círculos piadosos se llamaba despertar, conversión y renacimiento, interesa a Goethe no porque él mismo sea todavía un devoto, sino porque le ayuda a comprender la psicología del genio, o sea, a comprender

> aquello por lo que él mismo está impulsado, esa inspiración repentina que hace aparecer la vida bajo una nueva luz y transforma el hombre interior.

Sé que no resulta fácil esa trasformación, pero recuerda que *difícil*, en nuestro diccionario púrpura, es aquello que con el tiempo se torna fácil. Es más, muchos lectores se estarán preguntando: "Juan Diego, yo no veo aún la luz al final del túnel; atravieso un momento difícil. ¿Qué debo hacer para cambiar, vivir una transformación y protagonizar también una historia de éxito?". Mi respuesta: entrégate YA a una fuerza superior a ti. Entrégate YA a una energía superior a ti; Dios. Tú debes tener el convencimiento de que, si naciste para algo, ese algo se presentará. ¡Y no es quedarse quieto esperando a que todo pase! Es vivir tu propio *aperçu* en palabras de Goethe. Y, por favor, no te angusties por la edad que tengas. Recuerda que la edad es un estado mental, y que mientras más avanza la biotecnología, más años vas a vivir. Hoy estamos viendo a personas de 60 o 65 años que emprenden y a otras de 80 y 90 años dando ejemplar muestra de energía y actitud. No es un tema de números, sino mental.

Hay una tendencia perversa en América Latina a jubilar a las personas antes de tiempo, esto es, a sugerirles un forzoso retiro y excluirlas del radar de la productividad cuando todavía tienen mucho por dar. La famosa frase: "usted ya cumplió", que se les dice a las

personas cuando llegan a 60 años es ciertamente mediocre, una condena a muerte.

La invitación es a pensar que mientras tengamos sueños, somos jóvenes, que mientras tengamos energía siempre podemos cambiar los resultados que llegan a nuestra vida; el estado en el que te encuentres determina tus resultados; no lo olvides. Es por eso que nunca verás a un emprendedor depresivo ni a un depresivo inspirado. Tú tienes que tener tal pasión por lo que haces, unos sueños tan grandes y autoexigencias tan elevadas que la reconversión sea posible. Nada que venda más que una historia de transformación poderosa, como las que nos ocupa en esta sección del libro, sobre todo si la protagonizan aquellos en los que no creían y que partieron de condiciones difíciles y adversas. Que tu testimonio de vida sea tan contundente, exitoso y aplastante que a esos que no creyeron en ti les reste solo enmudecer, tragar saliva y preguntarse cómo no creyeron, con todo lo bueno que tenías.

Te pongo el reto desde estas líneas: que tú te conviertas en una fascinante historia de conversión, de transformación, de la que valga la pena leer o por la que valga la pena escribir.

Continúo. Mahatma Gandhi, quien quiso ser un gran caballero inglés, quien llevaba sombrero y bastón con mango de plata y quien asistía a clases de baile cuando estudiaba en Inglaterra, no se recuerda por tales prácticas, no; mucho menos por admitir que tenía un ego superior y que la adoración de las masas le encantaba, o porque dormía desnudo con jóvenes mujeres de la India para poner a prueba su disciplina y autocontrol, o por tener un hijo, el mayor, alcohólico y prostituto, y del que merced a esas tendencias, llegó a decir que ya no lo consideraba su hijo. No obstante, hoy lo recordamos por su grandeza y espíritu pacifista, y por liberar a la India del yugo inglés. La transformación es posible, una vez más. Nadie recuerda a estos personajes por sus extravíos. Hay rupturas; epifanías. Para avanzar con Gandhi, digamos que lo echaron brutalmente de un tren en Pretoria, Sudáfrica, cuando un blanco exigió su puesto. Sintió un llamado; emergió de allí como un Mahatma, un alma grande. "Si el corazón está cerrado, no es posible abrir la mente", afirmaba. La mejor pregunta suya fue: ¿Cuándo empezaremos a revelarnos contra nosotros mismos? Y la hizo tras percibir una cruda realidad: en 1915, solo 100 mil ingleses sometían a 300 millones de hindúes.

Jesús no escogió a los preparados; preparó a los escogidos. Los apóstoles no eran un dechado de virtudes o personas muy versadas sobre uno u otro tema, a decir verdad; ellos se preguntaban incluso "¿por qué yo?", como sucedió con Pedro, un humilde y primario pescador. Pero fueron ellos. ¿Cómo puedes ser tú el escogido para influir en el destino de muchos seres humanos, a quienes inspires y ayudes, si tú eres ese mismo en el que muchas veces no confías? Te respondo: no tienes que tener todos los dones o virtudes. Solo hazlo, con la pasión por servir.

El padre del análisis financiero, Benjamin Graham, fue mensajero; el mejor papa de la historia para muchos, Juan Pablo II, hijo de un sastre; uno de los mayores genios creativos del pasado, Leonardo Da Vinci, hijo de una campesina; el mayor ícono de la riqueza, John D. Rockefeller, lustrabotas, ¿y tú me dices que te preocupa no haber nacido en cuna de plata o rodeado de oro?

Tanta necesidad, miseria, hambre, soledad y depresión en el mundo, ¿y tú seguirás en la sombra? ¿Escondido, indiferente, lamentándote por tu pasado y rindiendo culto al bajo perfil? No es tiempo de callar ni de quedarnos quietos, ni mucho menos, de darle importancia al qué dirán los demás. Si hasta ayer fuiste uno, pues desde hoy serás otro, distinto y mejor. El fantasma de las mentes pequeñas, como lo analizara Emerson:

> es esa necia consistencia, tan estimada por pequeños hombres de Estado, por filósofos y por religiosos. Un alma grande sencillamente nada tiene que hacer con la consistencia. Debe importarle tanto como su imagen proyectada en la pared. Di lo que estás pensando con palabras fuertes y dime mañana lo que mañana pienses, también con palabras fuertes, aunque esté en contradicción con todo lo que hoy dijiste. ¡Ah! Así puedes estar seguro de ser incomprendido. ¿Y tan malo es ser incomprendido? Pitágoras fue incomprendido y lo fueron

> Sócrates, Jesús, Lutero, Copérnico, Galileo y Newton, y todo sabio y puro espíritu que haya tomado carne. Ser grande es ser incomprendido.

Y ocurre lo mismo en los negocios, si me permites hacer uso de una súbita transición: Steve Jobs, Elon Musk, Richard Branson, Jack Ma y Mark Zuckerberg, para citar solo unos cuantos ejemplos, fueron incomprendidos, matoneados, subestimados, rechazados, cuestionados y me quedo corto. Hoy se les ve como leyendas; irreverentes, indómitos, desafiaron lo convencional, lo establecido y triunfaron.

Los únicos que crecen quedándose quietos son los árboles, no las personas, que deben estar en constante evolución como resultado inequívoco de su exposición a toda la información, hechos y sentimientos que gravitan a su alrededor y dentro de sí mismas.

Ahora bien, tú y yo, que no nacimos ayer, sabemos que, si una persona es capaz de pasar de la fiesta, la lujuria, la promiscuidad, a ser santo, será capaz también de pasar de la timidez al arrojo, de la duda a la firmeza, de la tibieza a la pasión, del postergar las cosas a hacerlas ahora.

San Francisco de Asís y san Agustín, como vimos líneas atrás, no nacieron siendo santos o haciendo milagros. "Nadie llega a santo por su perfección, sino por su transformación espiritual; un santo no es un cristiano sin defectos; sino una persona que lucha contra esos defectos hasta el último momento de su vida", decía san José María Escrivá de Balaguer.

Si aún dudas de lo que te digo, y tienes derecho a hacerlo, mira un caso aún más común y mundano: mi propio caso, y hablaré en primera persona. En un momento determinado de mi vida, me di cuenta de que necesitaba ayuda porque no me soportaba a mí mismo. Mi vida estaba llena de odio, soberbia, arrogancia, prejuicios negativos, era un ser humano que hería a los demás y creía que era superior a todos. Agaché la cabeza, en un acto de humildad que en ese momento de mi existencia era más que inusual y decidí trabajar en mi transformación. La historia quedaría bien resumida si te digo que hoy esa vida está llena de amor, humildad, tolerancia y control, y sé que aún debo mejorar mucho más. Si yo, que tenía esos defectos tan arraigados pude cambiar, ten la certeza de que tú también podrás modificar aquellos rasgos que te frenan e impiden que seas una mejor persona y por ende un ser humano capaz de enfocarte en acciones positivas. Y para que consigas realizar esos cambios, llena de Dios tu vida, ten fe.

La realidad de Dios está más allá del alcance de palabras y conceptos. La aproximación de San Agustín, por ejemplo, era psicológica y muy personal; ningún otro teólogo ha ejercido una influencia tan grande como él en el mundo occidental. Desde muy joven pensó que Dios era esencial para el género humano. En su libro *Confesiones* afirmaba: "nos has hecho para ti" y también "nuestro corazón está inquieto hasta que descanse en ti". La experiencia de Dios no ha sido siempre fácil para los occidentales.

> La conversión de Agustín parece una descarga emocional, después de la cual el convertido cae exhausto en los brazos de Dios, cuando toda la pasión se ha apagado. Cuando Agustín está llorando en el suelo, de repente oye una voz de un niño que venía de la casa vecina y cantaba una y otra vez: toma y lee, toma y lee. Interpretándolo como una revelación, Agustín se puso en pie de un salto y corrió a donde estaba el atónito Alipio, que tanto había sufrido, y cogió enseguida el nuevo testamento. Lo abrió en un pasaje de la carta de san Pablo a los romanos: "Nada de comilonas y borracheras; nada de lujurias y desenfreno; nada de rivalidades y envidias. Revestíos más bien del señor Jesucristo y no os preocupéis de la carne para satisfacer sus concupiscencias". La larga lucha había pasado: "no quise leer más ni era necesario tampoco", recordaba Agustín. "En un instante se disiparon todas las tinieblas de mis dudas como si una luz de seguridad se hubiera apoderado de mi corazón".

En la actualidad estamos ante más tentaciones y distracciones que en las épocas en que vivieron tanto Francisco como Agustín, pero en esencia la posibilidad de caer en los apetitos de la carne, la lujuria, la avaricia, el odio o la envidia, sigue estando latente todos los días para hombres y mujeres.

Pero, asimismo, todos tenemos la posibilidad a diario de renovarnos, transformarnos y evitar esos caminos para mantenernos enfocados en lo que realmente nos lleve a una vida plena de felicidad y prosperidad: una vida púrpura como me gusta

llamarla, en la que de la mano se paseen la espiritualidad, para renovar mi interior, y la riqueza material, una manifestación externa.

Conversiones de vida y de Fe / Historias cortas

Pablo Picasso

El papá de Picasso le dijo en una oportunidad a su hijo Pablo: "Tienes que seguir lo tradicional, la academia, para pintar correctamente", pero Pablo no quería pintar lo que veía; pintaba lo que sentía y sabía que estaba ahí. Ni quería tampoco llevar el apellido de su padre, Ruiz, solo su apellido materno, Picasso; y así fue que, con tan solo 19 años, el apellido Ruiz desaparece para siempre de su nombre con su autorretrato: "Yo, Picasso" *(Moi Picasso)*, contrariando la voluntad paterna y provocando de paso su ira. Pablo Picasso, a los 80 años seguía reinventándose, no se quedó quieto; y esa irreverencia la conservó hasta su último suspiro. A esos mismos 19 años, hizo 60 lienzos, en solo un mes, para alcanzar a participar en una exposición junto a Renoir y Cézanne, quienes eran unos de los pintores más afamados de su época.

Wolfgang Amadeus Mozart

Leopoldo, su padre, lo impulsó, lo que no lo blindaría ante la irreverencia, genio y grandeza de su hijo. A sus 24 años, el joven Wolfgang se sentía limitado en su natal Salzburgo, y ya no veía a su padre como antes. Quería mucho más; estaba consciente de su talento y su ego se hacía presente. Adoptó la psicología para su obra; conmovía, alternaba, pasaba de la dulzura a lo conmovedor y de allí a lo enérgico. Ganaba bien, pero gastaba mucho; en mujeres y apuestas. A sus 31 años, 4 años antes de morir, pedía dinero prestado a sus amigos para subsistir.

Ricardo Castañón

Su impresionante conversión la puedes ver en YouTube, con el título: *La asombrosa historia de Ricardo Castañón.* Fue este hombre el que afirmó: "el ateo es un ignorante de la dimensión espiritual". Y él lo fue hasta los 44 años. Boliviano. Doctorado en sicología clínica, entre muchos otros estudios. Ha hecho investigaciones científicas sobre fenómenos místicos. Ostias que exudan sangre. "El cerebro es como un paracaídas, solo sirve si se abre", afirmaba.

Estar abierto es la clave. Es claro que hay fenómenos sobrenaturales, que él encontró y que no se explican con la ciencia, pero sí con la fe. Dice Castañón: "El hombre no es una biología ni independiente ni casual; es fruto de un proyecto maravilloso. No hay que cerrarse a la dimensión espiritual".

San Francisco de Asís

Citado previamente. Más de su vida: tuvo estigmas y no sentía dolores, o los soportaba estoicamente, como cuando le cauterizaban heridas en el ojo, en una época en la que no había antibióticos. Era carismático y había fuego y entusiasmo en sus palabras. Fue un anoréxico de los años 1200 (siglo XIII). Era bien parecido, rico y no le faltaron ni mujeres ni licor. Después de la guerra y la cárcel, cambió; fue tentado y convirtió a una bella mujer que lo buscaba en predicadora, santa Clara de Asís. Murió a los 44 años.

San Agustín

Más sobre él: de vida pagana; decía: "Quien no es tentado, no es puesto a prueba; quién no es puesto a prueba, no progresa". Cuando sientas que ya no sirves para nada, recuerda que todavía puedes ser santo. A propósito, el papa Juan Pablo II afirmaba que el hombre más inteligente del que había leído en su vida fue san Agustín (una interesante biografía sobre el papa polaco me fue de mucha utilidad para conocer y valorar la vida de quien hoy es considerado como santo, y quien también fue, por cierto, uno de los artífices del colapso comunista de finales de los años 80. La biografía de la que hablo se llama *Juan Pablo II*, de Andrea Riccardi). Agustín llevó una vida desordenada y promiscua, pero que se transformó, y en su libro *Confesiones* dijo lo siguiente:

> tarde te amé, hermosura tan antigua y tan nueva, tarde te amé. Tú estabas dentro y yo fuera, y fuera de mí te buscaba. Desfigurado y maltrecho me lanzaba, sin embargo, sobre las cosas hermosas que tú has creado. Tú estabas conmigo, pero yo no estaba contigo. Me tenían lejos de ti todas esas cosas que no existirían si no tuvieran existencia en ti. Me llamaste y me gritaste hasta romper mi sordera. Brillaste sobre mí y me envolviste en resplandor y disipaste mi ceguera. Derramaste tu fragancia y respiré. Y ahora suspiro por ti. Gusté y ahora tengo hambre y sed. Me tocaste y quedé envuelto en las llamas de tu paz.

Santa Teresa de Ávila

Coqueta y amante de las novelas en sus comienzos. Siendo apenas una niña escapó de su casa, estuvo cerca de la muerte años más tarde y milagrosamente se salvó; su entrega a Dios tardó en materializarse pues las dudas la agobiaban y su fe no era lo suficientemente fuerte en sus primeros años. Santa Teresa afirmó:

> Si para recobrar lo recobrado, tuve que haber perdido lo perdido; si para conseguir lo conseguido tuve que soportar lo soportado; si para estar ahora enamorada fue menester haber estado herida, tengo por bien sufrido, lo sufrido; tengo por bien llorado, lo llorado, porque después de todo he comprendido que no se goza bien de lo gozado, sino después de haberlo padecido; porque después de todo he comprobado, que lo que tiene el árbol de florido, vive de lo que tiene sepultado.

San Pablo

Fue otro gran ejemplo de conversión. Se conocía como Pablo de Tarso, hoy Turquía. Fue fariseo, radical, extremista, intolerante y perseguidor de cristianos; decía que "Jesucristo era un pseudoprofeta". Fue el gran globalizador del cristianismo y genio de la comunicación; a través de sus cartas, el diálogo personal y su tenacidad, difundió el mensaje cristiano. "Hay que cambiar de vida, para servir al señor", afirmaba; estuvo encarcelado dos años. Libertad e igualdad de todas las personas, sin distinción ante Dios; ese fue su principal legado. Gracias a san Pablo, el cristianismo se convirtió en religión mundial.

Santa Teresa de Calcuta

La madre Teresa se codeó con pobres y ricos; a estos últimos les pedía dinero para los pobres. Servir sin distinción fue su consigna; llegó a Calcuta en los años treinta a enseñar en una escuela para gente adinerada. Un día escuchó una voz que le decía: "Deja ya esta vida y ve hacia donde están los pobres", creando las misioneras de la caridad. "El fruto de la oración es la fe; el fruto de la fe es el amor; el fruto del amor es el servicio", solía decir, como también: "Morir en paz con Dios es el mayor logro de la vida humana".

Ni siquiera santas como la Madre Teresa de Calcuta se libran de la controversia; fue acusada de aparecer en fotos con dictadores, de recibir dinero para los pobres de fuentes no muy claras y también de no promover un discurso que atacara las raíces de la pobreza. No obstante, ella afirmaba que su camino era estar con los más pobres y necesitados. Ella no acusaba, no juzgaba; su modo de vida hablaba por ella.

Llegó a escribir en su diario personal: "Siento que Dios no me quiere. Que no es Dios; que no existe". Ocultaba sus dudas; pero nunca perdió la convicción de que su trabajo y el de las hermanas era lo que Dios quería. Superó esas dudas con su fe, sabiendo que Dios no la abandonaría. Tuvo la fuerza necesaria para continuar pese a sus tribulaciones. Dijo sor Teresa: "El más limpio no es el que nunca se ensucia, sino el que siempre se baña. Yo me puedo haber ensuciado, pecado, errado, fallado. Pero me he confesado, arrepentido y convertido. Abre tu corazón a Dios; déjalo entrar y tu conversión será posible".

Buda (Siddharta Gautama)

En palabras de su biógrafa, Karen Armstrong:

> Una noche, hacia finales del siglo V a.C. un hombre llamado Siddharta Gautama abandonó su acogedor hogar en las estribaciones del Himalaya y se lanzó a una nueva vida. Tenía 29 años. Su padre lo había rodeado de cuantos placeres pudiera desear; estaba casado y tenía un

> hijo que contaba con pocos días de vida, pero el Buda (como también se le llama) no había sentido ninguna alegría con su nacimiento. De hecho, le había llamado Rãhula, que significa cadena, pues pensaba que el bebé habría de encadenarlo a una vida que se le hacía insoportable. Pronto se sorprendió a sí mismo suspirando por una existencia que estuviese por completo alejada de la vida doméstica y a la que los ascetas de la India conocían como "el estado de los que no tienen hogar" [...] Buda entendió desde el principio de su nueva vida que si deseaba llevar una existencia de santidad tenía que cortar con todas aquellas cadenas y liberarse. Desde el principio dio por supuesto que la vida familiar era incompatible con las formas más elevadas de espiritualidad. Se trataba de una percepción compartida no solo por otros ascetas de la India, sino también por Jesucristo, quien posteriormente les diría a sus futuros discípulos que debían dejar atrás a sus esposas e hijos y abandonar a sus mayores si deseaban seguirlo.

Una de las cosas que más me sorprendió de Buda, además de su espiritualidad y conversión, fue su profundo y paciente trabajo interno. En cierto momento empezó a buscar lo perenne, lo no sufriente, lo imperecedero, lo indoloro, lo incorrupto y la libertad suprema de la esclavitud que imponían el envejecimiento, la enfermedad, la muerte, el pesar y la corrupción. A ese estado que encontraría, y lleno de satisfacción, lo llamó Nirvana, que significa *extinción*. Buda consideraba que era posible extinguir las pasiones, las ataduras y los engaños que tanto dolor ocasionaban a los seres humanos de la misma forma que apagamos una llama. Consideraba que los dioses no podían mostrarle el camino hacia esa extinción; que tendría que depender de sus propios esfuerzos, y así ocurrió: la extinción fue alcanzada.

Mahoma

Fue un humilde mercader y profesor; es considerado el profeta del islam, que significa acto de rendición a la voluntad de Dios. Creció siendo huérfano; a los 8 años ya estaba al cuidado de un tío. Alá era el Dios; Mahoma, el profeta. Tuvo 5 hijas y 13 esposas y concubinas. Su experiencia mística se dio a los 40 años cuando el ángel Gabriel se le aparece en una cueva de una montaña. "Sé tú el mensajero de Dios". Desconocía qué mensaje transmitir al principio. "¿Cómo podría ser mensajero si no tenía mensaje?", se preguntaba. Muchas veces nos subestimamos y pareciera que no encajáramos, que no hubiera lugar en el mundo para nosotros, que la vida no tiene sentido y desconocemos para qué estamos aquí. No desfallezcas. No te rindas. Sigue mejorando tu interior, buscando a Dios, y Él saldrá a tu encuentro para darle sentido a todo.

Lo que te preocupaba cuando eras un niño ya hoy no te preocupa. Igual pasará con tu presente. Lo que hoy te inquieta y es motivo de preocupación, mañana ni siquiera lo recordarás. El panorama siempre se despeja, el sol vuelve a salir. Haz la tarea, busca tu propósito, tatúatelo con hierro caliente en tu corazón, da tu vida por él si es necesario, y ten fe, mucha fe.

EL DEBATE

Coctel de pobreza

Dos de las mayores fábricas de pobreza del planeta han sido el socialismo extremo, y su metástasis comunista, y el inadecuado manejo de los conceptos *dinero* y *pobreza* por parte de la Iglesia católica. Ninguna otra máquina produjo en la historia semejantes niveles de miseria, conformismo y resignación, aquí y allá. Empecemos por el primero. No existe nadie con más afán de lucro que un izquierdista radical; pregonan el socialismo para el pueblo, pero en la práctica concentran la riqueza extrema y los lujos para unos pocos, sus *cabecillas*, porque la palabra "dirigente" es demasiado grande para ellos. El pasado está repleto de aberrantes casos en los que se asfixia a la sociedad entera, solo para que un grupúsculo de bribones se quede con el botín, regodeándose en el poder a perpetuidad. El socialismo socializa la pobreza, no la riqueza. Pero no es solo ese sistema político caduco, corrupto y conformista el que derivó en cinturones de pobres, mentales y materiales, a lo largo de todo el orbe. La Iglesia católica, muy a mi pesar por mi condición de creyente en Dios y en su hijo Jesucristo, no escapa de tal infamia; siento que ni me debo "ir por las ramas", hablando de soslayo, ni fungir de ciego ante realidades que considero menester hurgar. Inconcebible, por decir lo menos, resulta la alabanza a la pobreza que en pleno siglo XXI se da de un púlpito a otro, de una catedral a otra, de un país a otro, hoy en día, y por todo el planeta.

> **Los mensajes que alaban la pobreza solo sirven para acrecentarla; los mensajes que ponen a la pobreza material en un pedestal que no merece solo sirven para reproducirla; alabar la pobreza cuando no hay un gran mérito en ser pobre, es tan repudiable como condenable.**

¿Qué pretenden los sacerdotes con su halago a la pobreza cuando ella no les producirá diezmo o aporte alguno para su causa? ¿Qué pretenden los sacerdotes que alaban la pobreza material, que condenan la riqueza, cuando aquella no genera beneficio alguno para las necesidades que demandan? El pobre no puede ayudar a alguien, financieramente hablando, porque no se sostiene ni siquiera a sí mismo. No tiene dinero para cubrir sus gastos. Es una pobre boca más que alimentar. No es más que un condenado a muerte, por sacerdotes retrógrados y poco inteligentes que no han entendido que Jesucristo, más que alabar la pobreza, condenaba el amor a la riqueza material como fin único.

Una de las contradicciones de la Iglesia católica es que es fuertemente estratificada, aunque todos seamos iguales antes Dios. Hay iglesias en pleno siglo XXI que son muy fastuosas, con bancas en maderas finas, sacerdotes que llegan en carro último modelo a celebrar la eucaristía, colegios "católicos" con mensualidades supremamente costosas, pero en los que al tiempo se profesan votos de pobreza, humidad y vida austera; esa INCOHERENCIA entre lo que dicen con lo que hacen es lo que pone en tela de juicios a la Iglesia católica, que, por ser la institución religiosa más antigua en Occidente, debería dar un mejor ejemplo. Y no solo ocurre con los sacerdotes; los pastores de algunas Iglesias diferentes a la católica también se contradicen en cuanto a su mensaje sobre la pobreza. Les piden a sus fieles ser desprendidos de lo material, exigen un diezmo, que la gente paga con disciplina y rigor, como si fuera una cuota, y mientras tanto, esos mismos pastores llenan sus arcas con millones y millones y se bañan de opulencia. Basta que veas en YouTube algunos videos sobre los pastores más ricos del mundo.

La pobreza apesta. Lo he dicho en cientos de ocasiones; se me revuelve la sangre y debo apelar al autocontrol para que, en medio de una ceremonia religiosa, esto es, una eucaristía, no deba interpelar al sacerdote que todavía, en estos tiempos, condena a quienes generan riqueza, desconociendo el cómo la lograron y el para qué la consiguieron.

Ser pobre no es digno de nada. Ser pobre no es motivo de orgullo. Callaos

sacerdotes y pastores irreflexivos si de alabar la pobreza se trata.

Si todos los que escuchan son pobres, o por sus lamentables mensajes lo siguen siendo, ¿quién les aportará el dinero para pagar el agua y la luz de la iglesia, su expansión y crecimiento, los quehaceres diarios de los sacerdotes y religiosas y el mismo alimento que los mantiene vivos? No está lejos el día en el que, llenándome de valor, e inspirado por el mismo Jesucristo, interrumpa una eucaristía para decirle a quien habla, a quien respeto, valoro y hasta pudiese admirar, "cállate, ¿no te das cuenta acaso de que lo que condenaba nuestro señor Jesucristo no era la riqueza sino la falta de humildad? ¿No te das cuenta acaso de que el problema no está en la riqueza misma sino en el apego a ella? ¿Por qué con todos los años que te asisten, con todo lo que has estudiado y seguramente con todo el tiempo que has tenido para pensar, no te das cuenta aún de ello?".

Millones y millones de seres humanos, que como borregos inconsultos asisten a cuanta ceremonia religiosa hay, son anestesiados por un discurso incoloro, retrógrado y poco estimulante, que pretende mantenerlos conformes, sin derecho a réplica, y mucho menos, sin posibilidad de cambiar el orden.

Tú, sacerdote o pastor, que me estás leyendo por una u otra razón, o que te estarás enterando de estas líneas, y no por coincidencia, reflexiona: tu mensaje hará que la gente se desarrolle y crezca, o, por el contrario, que se anule y muera en vida, aun respirando. Condenar la riqueza en estos tiempos es tan deplorable como inhumano. Necesitamos riqueza para construir escuelas, carreteras, aeropuertos y hospitales; necesitamos riqueza para inspirar al pobre, a quien nació en condiciones difíciles, y decirle: tú también puedes. Necesitamos riqueza para hacernos humildes en medio de ella, no para serlo, por defecto, puesto que nuestra condición de pobres lo impone.

Prefiero un rico humilde que un pobre soberbio. Prefiero a un rico ayudando y sirviendo, que a un pobre reclamando siempre el alimento. Aniquilamos el espíritu de superación cuando alabamos la pobreza. Condenamos a la mediocridad a quien tenga un gen púrpura si desde las religiones se sigue promoviendo un mensaje de alabanza de la pobreza.

No hay mérito en la pobreza, como lo vengo explicando desde mi libro *Hábitos de ricos*; ser pobre resulta muy fácil: carece de educación financiera, compra al mayor número de cuotas posibles con tu tarjeta de crédito, y sigue repitiendo, como si se tratara de un audio o grabación de un *call center*, "que más fácil entra un camello por el ojo de una aguja que un rico al reino de los cielos", y lo lograrás, serás pobre, vaya mérito, felicitaciones. Como ves, la tarea no exige un gran intelecto que consuma tus neuronas, ni demanda un titánico esfuerzo que exprima tus músculos hasta extinguirlos y te deje en los meros huesos.

Basta ya de mediocridad. Basta ya de cobardía. Basta ya de hipocresía frente al tema dinero. ¿Serás tú, sacerdote o pastor, el que conseguirá la plata para las necesidades que pretendes cubrir? No lo creo. Se la exiges al devoto que tú, conscientemente o no, has condenado a que nada produzca. Olvídate del diezmo, del aporte o de la contribución de buen corazón que pides desde donde hablas. No seas hipócrita, y te lo digo con el permiso de quien me asiste en este momento, el Espíritu Santo, esto es, el espíritu del Dios hecho hombre, mucho más grande que tú y yo juntos. Me importan más los millones de seres humanos a quienes les llega tu mensaje, que tú mismo y tu mensaje. No me pidas un respeto que no te he quitado; hay sacerdotes grandes y con un pensamiento diferente al que aquí condeno; más bien, devuelve con creces a la sociedad que has desorientado con tu corroída prosa, el noble espíritu de aquel a quien sigues y al que por cierto decidiste entregarle tu vida.

Los ricos, los pobres y Dios

Un rico, materialmente hablando, puede haber superado obstáculos, incredulidad y marginación; se esforzó, hizo sacrificios y se mejoró a sí mismo en su camino a la riqueza. Si un pobre, por el contrario, poco hizo de ello, ¿cuál es el mérito de ser pobre y por qué habría de dársele el dinero del rico? El ser humano debe saber que su fortuna no tiene límite, ni su grandeza tampoco, y que un sistema político no debe asfixiarlo. Los regímenes que pretenden igualar lo que no es igual me producen desconfianza. No trates igual a lo desigual. Brinda oportunidades, posibilidades para todos, pero no reduzcas a quienes no caben dentro de un pequeño espacio u obsoleto sistema; espíritus libres, poseídos por la pasión y la locura, recipientes de creatividad e iluminación. No quiero ver a esos seres ni tristes ni sometidos, ni mucho menos sepultados por la voluntad de quienes se atribuyen un poder que por inteligencia e ilustración les debería ser esquivo.

No hay nadie con más afán de ganancia que aquellos que pretenden llegar al poder para repartir el dinero existente y que no haya pobres. Llámalos populistas. Todavía existen en el siglo XXI y están pasando por tu mente; muchos, despreciando la historia, aún les creen, y terminan desencantados, viendo cómo su pobreza se mantuvo o hasta quizá empeoró. El que más se precia por dar es quien más anhela recibir, lo afirmaba en *Ideas millonarias*. No te dejes engañar.

Todos los humanos somos egoístas en mayor o menor grado, pero atribuirse una falsa solidaridad, disfrazando intereses propios y mezquinos, es de bribones. Sacrificios para el pueblo y privilegios para su corte, unos pocos, por cierto. Esa pareciera ser la consigna de algunos "gobernantes" que condenan a sus pueblos a la miseria y al descontento. Quienes más abogan por distribuir mejor la riqueza, curiosamente son los más incapaces para producir dinero, y los que menos esfuerzo y trabajo útil suelen desarrollar. Siempre están abriendo su boca para recibir el alimento; pero pocas veces se preocupan por aprender, y mucho menos por ayudar a conseguirlo. Reclaman más subsidios, ayudas, privilegios e incrementos de su salario. Pero me pregunto: ¿producen dinero, emprenden, crean nuevas empresas? No. Solo esperan, solo reclaman, son los mismos que exigen justicia, y que condenan la pobre, desigual y milenaria distribución del ingreso. Así han sido, son y serán. Morirán sin un dólar, y en su lecho de muerte hablarán de lo injusta que fue la vida y lo mal que se les trató; carecen de autocrítica, de grandeza; ¿tienes algunos en mente? Estoy seguro de que sí. Todos los conocemos; son los famosos parásitos financieros de los que vengo hablando de tiempo atrás. Te preguntarás: "Juan Diego, ¿qué tan espiritual es lo que estás escribiendo?". No soy nadie para responderlo. Solo pretendo ser justo; si crees que lo soy, fantástico. Justicia es espiritualidad. Menos pobreza, sí; igual riqueza para todos, a la fuerza, no. Reparte igual la riqueza y volverán a desigualarse pronto los patrimonios.

> **No sofoques la ambición por parecer justo, más bien ataca la ignorancia, para brindar así mayores posibilidades. La ayuda permanente mina la inventiva y devora la creatividad; alimenta parásitos y poco agita los espíritus que añoran la grandeza y trascender.**

Cuán delgada es la frontera de la compasión y el aniquilamiento del genio; del servicio y de la condena perpetua a no ser nadie; del patrocinio y del letargo; ayudar, sí; pero no siempre. Estimular y exigir, sí, siempre. Lo que no se agita no se revuelve; lo que no se revuelve a nada sabe, pues se concentra y se pudre. Deja inmóvil algo y se volverá inservible, por falta de uso. No les exijas a tus hijos y crearás parásitos financieros, que devorarán, cual sanguijuelas, fortunas y causas; empresas y sueños; esculpidos a pulso, con las uñas mismas; en noches de desvelo y madrugadas repetidas. A quien no le exigen le tienen lástima. *Un pobre pobre es un pobre pobre*. Lo leíste bien. Compadécete de alguien sin dinero, solo compadécete, y lo dejarás sumido en la pobreza.

El individualismo es sinónimo de egoísmo solo si pienso en mí y no en el otro; si, por el contrario, pienso en mí, pero beneficio con ello al otro, es generosidad. El mejor ejemplo lo constituye un propósito de vida que tenga por fin servir a los demás; defendido con capa y espada. No lo negocio; lo nutro, me lo tatúo y lo defiendo a muerte; y al hacerlo, millones estarán felices porque me entregué a esa causa noble que los beneficia. ¿Pensé en mí? Claro que sí. Pero le hice bien a otros; me podrán acusar los hechos, una relativa vanidad y un ego haciendo presencia; sin embargo, me excusarán los resultados; más personas felices, con un propósito de vida claro, ricas material y espiritualmente, y con ganas de comerse el mundo. Si renunciamos a ese individualismo, so pretexto de pensar en lo que diga el otro, vivir como lo quiera el otro y hacer lo que el otro me demande, sin tener en cuenta mi propia felicidad, lo que me apasiona, en lo que marco diferencia y puedo ayudar, flaco sería el favor prestado. Me habría olvidado de mí, solo para comprar causas que gusten a los demás, populistas quizás, pero que mancillan tanto mi felicidad como a mi energía.

Tengo registrada, ante las autoridades competentes, la expresión "Modo Hervir". Brotó de mis entrañas, reflejando lo que creo ser, lo que siento, y se convirtió en un canto de batalla entre nuestros seguidores; en un estilo de vida. Ningún nombre es fortuito.

> **Condeno y aborrezco la debilidad y los lamentos, las autocomplacencias, la falta de disciplina y las flagelaciones que no caducan. La naturaleza se ensaña con el débil, sin consideración o vacilación alguna. Se torna implacable. El hipocondríaco es quien más se enferma. Atrae dolor y miseria.**

Deploro palabras o expresiones como "pobrecito", "qué pesar", "qué dolor", "qué tristeza". Podemos sentirlas, somos humanos. Pero no las pronuncies, por favor, te harás un bien al no hacerlo. Sabiduría es alejar todo pensamiento y expresión que nos debilite. Desde ya te obsesionarás entonces por no depender de nadie más que de ti mismo y del ser superior que te acompaña; no te quejarás, ni te lamentarás por nada. Eres un púrpura.

La otra soberbia

Me genera más confianza aquel que ya hizo algo que quien no ha hecho nada. Es llamativo que en nuestra sociedad sea sospechoso ser rico y no pobre. La prueba de ello es la cantidad de frases, surrealistas por demás, que abundan entre los pobres. Algunas de ellas: "si tiene plata, fue porque algo malo debió haber hecho"; "detrás de toda fortuna se esconde algún pecado"; "si me vuelvo rico, me convertiré en una mala persona". Paro ahí para no tener que vomitar.

> **Lo curioso es que la pobreza nunca genere sospecha. A mí sí me la genera, en muchos casos, para decir la verdad. Sobre todo, en los que encuentro a alguien dotado para ser rico, pero no lo es. Tiene tiempo, talento y razones para progresar, no obstante, pareciera estar conforme siendo pobre, o resignado a ser pobre, que es peor.**

Eso sí que me genera sospecha; me produce poca confianza y sí que se aleja del verdadero concepto de humildad. Esa clase de pobreza tiene más de condenable, reprochable y miserable que de admirable o de ser digna de emulación, elogio o vitoreo alguno. Hay cientos de millones de seres humanos como esos; autómatas. Seres que van de aquí para allá; de allá para acá, y no pasa nada con ellos. Se jactan de ser pobres y de llevar una vida normal. Ya regreso. En pocos minutos estaré de vuelta para seguir escribiendo; me han dado náuseas y creo que ahora sí iré a vomitar. Espero me entiendas y comprendas, que no me juzgues... Eso es lo que me producen esos cadáveres insepultos; los mismos que se engullen los impuestos; los tuyos y los míos por supuesto, pues ellos no tributan, dicen no tener con qué; "pobrecitos", son dignos de lástima, y así les gusta parecer, teniéndolo todo para ser distintos. Y el tema no se queda allí y por ello mi irritación. Son los mismos que siempre están reclamando subsidios del gobierno, protestando en las calles por cuanta causa, justa o no, exista, y quejándose por lo difícil que está la situación, sin que hasta ahora pueda yo entender, con todos los años que me asisten, qué significa ese tropical término: "la situación"; vaya usted a saber qué diablos es eso cuando "la situación" de un lado, por simple física, geografía y lógica, debería ser distinta a la de otro lado. Y el tema sigue: hace un año, si devuelves la película, a esos mismos parásitos los veías reclamando y protestando por lo mismo de este año; y hace dos años igual, y así sucesivamente, y así se les fue la vida. En sus últimos suspiros, ese gran batallón de "pobrecitos" se quejarán por su mala suerte, por supuesto. Te pregunto, y ponte la mano en el corazón antes de responderme, por favor, ¿personas así, las que algunos llaman "los pobres", tendrán muy feliz a un ser superior con esa clase de conducta y mentalidad? ¿Dime si es esa la clase de pobres que según la mayoría de los sacerdotes ganarán el reino de los cielos? Si piensas que no, pues que bien, ya somos dos. Personas como esas solo merecen seguir siendo pobres, merced a lo poco que hacen para dejar de serlo. Yo trabajo hasta 16 horas diarias durante muchos días de mi vida. Mientras me ducho, estoy en el gimnasio o en vacaciones, mi mente está enchufada a mi propósito de vida. Me obsesiona ayudar a transformar vidas, mejorar patrimonios, superar depresiones y hallar los recurrentes "para qué vine a este mundo".

Pero tengo algo claro: solo ayudo a quien se deje ayudar y merezca que le ayude. El que no quiere dejarse ayudar, no le ayudo, y al que cree que está muy bien, así esté pudriéndose por dentro, tampoco. Es una labor estéril "botar pólvora en gallinazos" o "deshojar margaritas delante de los puercos"; simplemente, no las valoran.

¿Qué mayor soberbia que la de un pobre así, que cree tener derecho a todo, merced a su condición de pobre? ¿No es soberbio acaso aquel que pudiendo hacer mucho más de lo que hoy hace, se refugia en cualquier síntoma o señal de debilidad para pedir, y muchas veces exigir, que se le dé lo que otro con el sudor de la frente consiguió? ¿Qué tan humilde es el pobre que no se esfuerza por mejorar su condición económica y que prefiere lamentarse por un pasado de exclusión y falta de oportunidades? ¿Qué clase de humildad posee una persona que no quiere aprender y que solo le apuesta a generar lástima para vivir de la caridad, del subsidio o de los impuestos que le cobran a los que hoy tributan, y que, por cierto, tuvieron muchas veces un historial más adverso y doloroso?

Ese pobre lo que muestra con esa actitud de merecerlo todo porque es pobre materialmente hablando es que es pobre también mental y espiritualmente. El pobre que espera a ver qué le da Dios, y que le caigan del cielo las cosas, no ha entendido que la Gracia de Dios es haberlo dotado de todo cuanto necesita para generar su propia riqueza; lo dotó de voluntad, de un cuerpo y de un cerebro, de capacidad de pensar y de transformar ese pensamiento en habla, en palabras y en actos.

Un cambio en el chip espiritual

Dios no es excluyente; no es Dios para unos y deja de serlo para otros. Ha prosperado por largo tiempo que Dios está con los pobres, los frágiles, los desvalidos, los que sufren y se encuentran fuera del radar de los privilegios. No me queda duda de que Dios está con ellos; y también está con los ricos, los fuertes, los que se valen por sí mismos, los que disfrutan, tantas veces por mérito propio, de las mejores cosas de la vida, materiales y espirituales. Sí, con ellos también está y esa parte de la historia, la otra cara de la moneda, pareciera ser olvidada con frecuencia, menospreciada, sobre todo, desde los púlpitos e iglesias de todo el planeta. Jesucristo es fácilmente, si se me permite la expresión, y dentro de un contexto histórico más reciente, el mejor *coach* que jamás haya existido (un poderoso *influencer*), y que como tal estuvo allí, al lado de quien lo necesitaba, escuchándolo, inspirándolo y ayudándole. Pero no ejerció su papel de *coach* para que la persona se quedará inmóvil, quieta, petrificada como estatua de sal, esperando a que todo se lo ayudaran a resolver.

Por el contrario, Jesucristo hablaba con el ejemplo, retaba, amaba, salían de él las más increíbles metáforas, irradiaba luz, tolerancia, amor, fuego, para quienes salían a su encuentro, deseosos por superar el difícil momento que vivían. No te engañes pensando que Dios solo está con el pobre, y le ayuda al pobre, como para llegar a justificar la pobreza. No. Tenemos salud, disponemos de tiempo libre, contamos con personas a nuestro alrededor, que podemos emular, y a través de las cuales nos debemos apalancar si de verdad queremos progresar. Jesucristo no está con el débil para que siga llorando sino para que supere su condición de débil y aproveche todo aquello de lo que ha sido dotado. La mejor forma de compadecer a alguien y no pecar de impío es ayudarle a superar su actual coyuntura; no dejarle en la pobreza, a su suerte, sino mostrarle la ruta hacia la riqueza; no permanecer llorando con él por dolor, sino facilitarle las condiciones, todo cuanto esté a nuestro alcance, para que broten lágrimas de alegría. No se trata de patrocinar la debilidad del ser humano, sino hacerle caer en cuenta del fuego interno que posee para que pueda abrazar la fortaleza y aquilatarse con ese fuego, tal y como sucede con el oro. Desde que empecé a escribir este libro, escucho muy atentamente el Evangelio en cada eucaristía a la que asisto. Decanto cada palabra, y mientras las disfruto, también las hago pasar por mi propio filtro interno, "las miro con un lente que le pido prestado al creador" para observarlas, de tal suerte que, al hacerles un examen justo, las interprete mejor, les dé un nuevo aire, un nuevo uso. Muchas de esas palabras parecieran ser anunciadas para perpetuar la dificultad y no para salir de ella. Si un sacerdote dice que la prioridad de Dios son los pobres, no faltarán aquellos que permanezcan en la pobreza, con el pretexto de que Dios estará con ellos. A esas personas hay que recordarles, de nuevo, que Dios también está con el rico, y no solo porque Dios no discrimina, sino porque ese rico pudo acumular méritos suficientes para que se le considere como tal.

La que se desprecia no es la riqueza; sino la riqueza mal habida, mal conseguida. Es ese rico el que le ayudará al pobre a superarse, y debe hacerlo. Ese es nuestro anhelo, esa nuestra invitación, esa es nuestra causa. No será el pobre quien financieramente le ayude a otro pobre.

Basta ya entonces de compadecer al débil por su condición de débil, al pobre por su condición de pobre, al frágil por su condición de frágil; hagamos todo lo que esté a nuestro alcance para que ya no vivan esa vida, y sí una muy diferente, en la que exploten sus talentos, lo que les diferencia; en la que usen mejor su tiempo, en la que tomen la riendas de su destino, sin flagelaciones, ni excusas, ni autocomplacencia ni debilidad; una vida más cerca de un ser superior, que desea verlos felices y no sufriendo. Un despreciable favor se presta, y con ello volvemos al tema de la compasión, que he tratado públicamente, cuando por llorar con el otro y querer parecer muy humanos, ya somos dos los que lloramos. Haz lo tuyo para que el otro deje de llorar, pero no llores más con él. Ese débil, ese frágil, ese desvalido, ese hambriento, carecen en ese momento de la fuerza necesaria, del fuego suficiente, del espíritu arrollador que se requiere para ayudar e inspirar a los demás. Las personas necesitan atención, y está bien que se les preste, pero por un tiempo, no a perpetuidad. Esas mismas personas pueden convertirse en propulsores de cambio, ser fuente de energía, manantiales de ideas, para que otros progresen, y resurjan, como el ave fénix, de las cenizas de las cuales fueron testigos.

Spinoza y Dios

Tras lo que acabas de leer, reflexiones que alimentan el debate sobre espiritualidad y dinero, me sumerjo ahora en las profundas, polémicas y agitadas aguas de grandes pensadores y filósofos, y sus consideraciones sobre Dios, con un fin: de manera concreta, sintetizada y escogiendo ex profeso, con intención, distintas aproximaciones al concepto de Dios, ampliar el radar de lo que a tu alrededor gravita, para que así puedas alimentar tu criterio, nutrir ese debate y escoger mejor el pensamiento, la actitud, y el maridaje de espiritualidad y riqueza que más creas que te convienen. De eso se trata la vida, de tomar decisiones estando más y mejor informado, para ser todos los días más felices.

Baruch Spinoza, citado ampliamente en este libro, y por su propio mérito, fue considerado como uno de los tres grandes racionalistas de la filosofía del siglo XVII, junto con el francés René Descartes. "Como suma de todas las leyes de la existencia, Dios era la perfección suprema, quien mantenía todo unido y en armonía", según Spinoza, y como lo registra Frédéric Lenoir, en su libro *El milagro Spinoza*:

> Cuando los seres humanos contemplaban las operaciones de sus mentes del modo en que lo había hecho Descartes, se abrían a sí mismos al ser eterno e infinito de Dios que actuaba dentro de ellos [...] Al igual que Platón, Spinoza creía que el conocimiento intuitivo y espontáneo revelaba la presencia de Dios mejor que una laboriosa acumulación de informaciones. Nuestra alegría y felicidad en el conocimiento equivalen al amor de Dios, una deidad que no es un objeto externo para el pensamiento, sino la causa y el principio de ese pensamiento, que es profundamente uno con cada ser humano. No hay necesidad de una revelación ni de una ley divina: este Dios es accesible para todo el género humano. Dios es la sustancia única de todo lo que existe. Todo lo que es, es en Dios.

Lo más importante, según Spinoza, era "no burlarse, no lamentarse, no detestar, sino comprender. Todo tiene una causa, desde el orden cósmico al desorden de nuestras pasiones, y todo puede ser explicado por las leyes universales de la naturaleza [...]". Spinoza definía a Dios como la sustancia única de lo que es y decía que todo caos no era más que una apariencia; el azar, al igual que los milagros, no existen.

> No juzgo en absoluto los actos humanos, sino que busco entenderlos para intentar mejorarlos. Me parece que vencer al mal atacando sus causas profundas es mucho más útil que pasar el tiempo indignándose, lamentándose,

> detestando y condenando, cosa que demasiado a menudo nos dispensa de actuar [...] En el conocimiento y el amor de Dios consiste nuestro bien soberano y nuestra beatitud, entendida por esta la libertad y la felicidad. El fin último y objetivo de todas las acciones humanas es amar y conocer a Dios. A través del conocimiento de la naturaleza y de sus leyes, el filósofo accede al conocimiento y al amor de Dios.

Baruch Spinoza dice, a propósito de los milagros: "si se admitiera que Dios obra contrariamente a las leyes de la naturaleza, estaríamos obligados a admitir también que obra contra su propia naturaleza, y no puede haber nada más absurdo. Una cosa es que algo no se haya explicado aún, y otra que sea inexplicable".

Spinoza, según señala su biógrafo, critica con la misma fuerza todas las religiones dado que activan las pasiones tristes de los individuos, sobre todo el miedo; para poder oprimirlos mejor, se apartan de la única vocación que deberían tener y, en cambio, difunden el odio al otro y la intolerancia, mientras que los creyentes dan prueba de la hipocresía o se creen superiores a los demás. Con los siglos y el desarrollo de la tradición cristiana, la palabra pecado se ha convertido en una palabra culpabilizadora, que arrastra el peso de una moral aplastante, la de las interminables listas de pecados creadas por la Iglesia, algunos de los cuales supuestamente pueden conducirnos directo al infierno. No hay nada de esto en el Evangelio. Jesús no juzga ni condena a nadie. Cuando salva a la mujer adúltera de la lapidación, le dice: "yo no te condeno; vete y no peques más".

Un spinozista la podría traducir por: "crece en tu deseo, reoriéntalo y no te equivoques más de objetivo". Siempre pasa lo mismo con Jesucristo, que no juzga ni condena, sino que salva y eleva, según la frase de Juan, el evangelista: "Dios no ha enviado a su hijo al mundo para que lo juzgue, sino para que lo salve". Jesús no dice jamás: "esto está bien o esto está mal", sino más bien, "esto es verdadero o esto es falso", "esto te hace crecer o esto te hace disminuir". Y más que aplastar a sus interlocutores mediante una condena moral, los ayuda a levantarse mediante un gesto o una mirada amorosa, tal y como lo narra Lucas, el evangelista, en la historia de Zaqueo, a quien trató con amor para que se convirtiera, lo que finalmente ocurrió. El hombre virtuoso no es aquel que obedece la ley moral o religiosa, sino aquel que aumenta su posibilidad de obrar. Mientras el hombre de la moral tradicional se complace en sentimientos que disminuyen su potencia vital, como la tristeza, remordimientos, temor, culpabilidad y pensamientos de muerte, el hombre ético de Spinoza no busca más que aquello que fortalece su potencia vital. Él vuelve decididamente la espalda a la tristeza y a todos los sentimientos morbosos, para no pensar más que en aumentar la alegría verdadera. Spinoza decía:

> a la impotencia del hombre para gobernar y contener sus pasiones la llamo servidumbre. En efecto, el hombre sometido a los sentimientos ya no depende de sí mismo, sino de la fortuna, cuyo poder sobre él es tal que a menudo se ve obligado a hacerlo peor, aunque vea lo mejor. La libertad para él es, por una parte, la inteligencia de la necesidad, y por otra, la liberación con relación a las pasiones. El ignorante será siempre esclavo de sus pasiones, y finalmente desgraciado, porque está encadenado a sus afectos, cuyas causas ignora, mientras que el sabio obrará bajo la guía de la razón y será feliz, ya que

> está liberado de la servidumbre de la ignorancia y de las pasiones.

Y continúa el filósofo:

> aquel que se comprende a sí mismo y comprende sus sentimientos de una manera clara y distinta, ama a Dios, y tanto mejor se comprende a sí mismo y comprende sus sentimientos. Cuanto más nos conocemos, más orden ponemos en nuestros afectos, más aumentamos en potencia y en alegría, y más participamos en la naturaleza divina y experimentamos el amor de Dios.

La ética de Spinoza, según Frédéric Lenoir, no establece ninguna obligación moral, como un deber ser o un hay que hacer, sino que nos propone adquirir un discernimiento personal sobre las causas de nuestros sentimientos, con el fin de crecer en potencia, libertad y alegría.

El Dios de Spinoza

Cuando Albert Einstein dictaba conferencias en las numerosas universidades de los Estados Unidos donde estuvo, le preguntaban recurrentemente los estudiantes: "¿Cree usted en Dios?". Y él siempre respondía: "Creo en el Dios de Spinoza". El que no había leído a Spinoza se quedaba en las mismas…

Einstein sostenía que:

> el misticismo es la semilla de todas las artes y las ciencias verdaderas. Saber que lo que es impenetrable para nosotros existe realmente, se nos manifiesta como la sabiduría suprema y la belleza más radiante, que nuestras débiles facultades pueden comprender solo en sus formas más primitivas. Este conocimiento, esta experiencia, ocupa el centro de todas las formas de religiosidad

verdaderas. En este sentido, y solo en este sentido, pertenezco al grupo de los hombres religiosos piadosos.

Dios hubiera dicho, según Spinoza:

¡Deja ya de estar rezando y dándote golpes en el pecho! Lo que quiero que hagas es que salgas al mundo a disfrutar de tu vida. Quiero que goces, que cantes, que te diviertas y que disfrutes de todo lo que he hecho para ti. ¡Deja ya de ir a esos templos lúgubres, oscuros y fríos que tú mismo construiste y que dices que son mi casa! Mi casa está en las montañas, en los bosques, los ríos, los lagos y las playas. Ahí es en donde vivo y expreso mi amor por ti. Deja ya de culparme de tu vida miserable; yo nunca te dije que había nada mal en ti o que eras un pecador, o que tu sexualidad fuera algo malo. El sexo es un regalo que te he dado y con el que puedes expresar tu amor, tu éxtasis, tu alegría. Así que no me culpes a mí por todo lo que te han hecho creer. Deja ya de estar leyendo supuestas escrituras sagradas que nada tienen que ver conmigo. Si no puedes leerme en un amanecer, en un paisaje, en la mirada de tus amigos, en los ojos de tu hijito... ¡No me encontrarás en ningún libro! Confía en mí y deja de pedirme. ¿Vas a decirme a mí cómo hacer mi trabajo? Deja de tenerme tanto miedo. Yo no te juzgo, ni te critico, ni me enojo, ni me molesto, ni castigo. Yo soy puro amor. Deja de pedirme perdón, no hay nada que perdonar. Si yo te hice... yo te llené de pasiones, de limitaciones, de placeres, de sentimientos, de necesidades, de incoherencias... de libre albedrío. ¿Cómo puedo culparte si respondes a algo que yo puse en ti? ¿Cómo puedo castigarte por ser como eres, si yo soy el que te hice? ¿Crees que podría yo crear un lugar para quemar a todos mis hijos que se porten mal, por el resto de la eternidad? ¿Qué clase de Dios puede hacer eso?

Olvídate de cualquier tipo de mandamientos, de cualquier tipo de leyes; esas son artimañas para manipularte, para controlarte, que solo crean culpa en ti. Respeta a tus semejantes y no les hagas lo que no quieras que te hagan a ti. Lo único que te pido es que pongas atención en tu vida, que tu estado de alerta sea tu guía. Amado mío, esta vida no es una prueba, ni un escalón, ni un paso en el camino, ni un ensayo, ni un preludio hacia el paraíso. Esta vida es lo único que hay aquí y ahora y lo único que necesitas. Te he hecho absolutamente libre, no hay premios ni castigos, no hay pecados ni virtudes, nadie lleva un marcador, nadie lleva un registro. Eres absolutamente libre para crear en tu vida un cielo o un infierno.

No te podría decir si hay algo después de esta vida, pero te puedo dar un consejo: vive como si no lo hubiera. Como si esta fuera tu única oportunidad de disfrutar, de amar, de existir.

Así, si no hay nada, pues habrás disfrutado de la oportunidad que te di. Y si lo hay, ten por seguro que no te voy a preguntar si te portaste bien o mal, te voy a preguntar: ¿Te gustó?... ¿Te divertiste? ¿Qué fue lo que más disfrutaste? ¿Qué aprendiste? Deja de creer en mí; creer es suponer, adivinar, imaginar. Yo no quiero que creas en mí, quiero que me sientas en ti. Quiero que me sientas en ti cuando besas a tu amada, cuando arropas a tu hijita, cuando acaricias a tu perro, cuando te bañas en el mar. Deja de alabarme. ¿Qué clase de Dios ególatra crees que soy?

Me aburre que me alaben, me harta que me agradezcan. ¿Te sientes agradecido? Demuéstralo cuidando de ti, de tu salud, de tus relaciones, del mundo. ¿Te sientes mirado, sobrecogido?... ¡Expresa tu alegría! Esa es la forma de alabarme. Deja de complicarte las cosas y de repetir como perico lo que te han enseñado acerca de mí. Lo único seguro es que estás aquí, que estás vivo, que este mundo está lleno de maravillas.

¿Para qué necesitas más milagros? ¿Para qué tantas explicaciones? No me busques afuera, no me encontrarás. Búscame dentro... ahí estoy, latiendo en ti.

Por más que vuelvo y leo lo que acabas de leer, sobre el Dios de Spinoza, me resulta difícil no estar de acuerdo en alto grado. Más allá de su condición de mortal, de ser abanderado de la razón como prisma para juzgar y sentenciar, y de obviar, seguramente por ese espíritu racional que lo definía, la dimensión espiritual y mística de Dios, como sus mismos biógrafos (como Lenoir) y devotos lo sostenían, la definición de Spinoza es brillante por decir lo menos.

Con el paso de los años te tornas ecléctico; no compras el ciento por ciento de algo con la celeridad que lo hacías antes. Piensas las cosas dos veces; decantas y procesas para un mejor juicio o decisión.

No le compro todo a Spinoza, pero cuánta lucidez y brillo; cuánto adelanto; hace más de 340 años murió (o se transformó), en 1677, a los 44 años, léelo bien, y aún hoy escribimos sobre él, y su pensamiento continúa vigente. Muchos ortodoxos lo despreciarán, como en su momento lo hizo la comunidad judía; pero al no estar comprometido con algo, reverencio su pragmática esencia y admiración por Jesucristo (¡la tenía!). Lo llamaban ateo, y a él no le gustaba. No considero que lo fuera del todo, luego de leer mucho sobre él; si lo fuera, su definición hace más bien que la que muchos católicos retrógrados e inconsecuentes, que dicen una cosa y evidencian otra, podrían decir sobre Dios. Si ves a Dios, si sientes a Dios, si experimentas a Dios, como lo define Spinoza, quedaré bastante tranquilo.

¿Era Baruch Spinoza un ateo?

Como lo citaba, a Spinoza no le agradaba que lo llamaran ateo. Tras leerlo, podríamos afirmar que su condición lo pone en el límite de la definición misma; admira a Jesucristo y desprecia y critica la religión (y no solo al cristianismo sino al islam, con vehemencia). Por un lado, es ateo si se entiende tal término como un ignorante de la dimensión espiritual. Uno de los grandes vacíos de Spinoza, que reconocen incluso biógrafos suyos, como Frédéric Lenoir, fue desconocer el componente místico y espiritual de muchos fenómenos, a tal punto que no creía en milagros. Sin embargo, la definición de Dios de Spinoza, que tanto entusiasmaba a intelectuales y científicos como Albert Einstein, lo ponen de nuevo en el terreno de la espiritualidad. Tras esa definición, consagrada atrás, es difícil atreverse a calificar a Spinoza de ateo.

Goethe y su mentora espiritual

Al igual que ocurría con Spinoza, una aproximación muy práctica a Dios, si me es permitido el término, es la que tenía Susanna Von Klettenberg, quien fue la mentora espiritual del gran poeta alemán del siglo XVIII, Johann Wolfgang Von Goethe, ya mencionado; me resultó llamativa y admirable tanto su vida como su aproximación a Dios. En palabras de su protegido y discípulo espiritual,

> ella no había encontrado y aceptado a su salvador por angustia de la conciencia. Tampoco la acuciaban las sutilezas teóricas. No consideró necesario encontrar ninguna fundamentación para su Dios; era simplemente evidente para ella, una sensación feliz y una revelación del corazón. Jesús vivía en ella como amigo interior, como un amigo con el que estaba unida con un amor de tonalidades eróticas [...] Tenía una devoción encantadora y carente de mojigatería, vivida libremente desde sí misma, sin el oprimente dualismo entre sentimiento y razón moral, entre experiencia inmediata y principios dogmáticos [...] No creía en una realidad divina exterior, sino en su mismidad, creía que en la unión con Jesús se convierte en una mismidad mejor, se supera y alcanza espontaneidad, agrado en la vida y posibilidades de expresión. El alma es bella porque no está forzada por nada, y porque no necesita forzarse a sí misma. Lo moral se presenta en ella pertrechado de gracia.

"A pesar de su enfermedad", decía Goethe sobre su mentora, "con alegría conduce su vida y vive su fe. Lo que más me llamaba la atención de ella era la pureza de su existencia, no solo de ella misma, sino también de todo lo que la rodeaba. Me atraía esa autonomía de su naturaleza y la imposibilidad de recibir en ella lo que no armonizaba con los temples de ánimo nobles y amantes". Para Goethe,

> Jesús era un hombre modélico, amable en suma medida, un genio del corazón y de la entrega, pero no un Dios, y era divino solo en el sentido de que en cada uno vive una centella divina. Era, por tanto, un hombre y nada más

> que un hombre. Es en verdad la naturaleza lo que se abre empíricamente a los cinco sentidos, todo lo demás es especulación y poesía, digno de tomarse en consideración como expresión del espíritu humano, pero no es parte de la imagen realista del mundo.

Considerar lo sobrenatural como auténtica manifestación de lo divino es para él una "ofensa contra el gran Dios y su revelación en la naturaleza".

Aquí, hay una identidad con Spinoza. Goethe estuvo alejado también de las comunidades creyentes, donde el individuo ha de creer al pie de la letra en una revelación externa, sin tener que encontrar lo revelado en sí mismo:

> Hay solamente dos religiones verdaderas: una adora sin ninguna forma lo sagrado que mora en nosotros y en torno a nosotros; y la otra lo reconoce y adora en las formas más bellas. Todo lo que hay en medio es idolatría. Lo sagrado tiene que morar en nosotros si ha de ser una religión verdadera. Únicamente así se funda en la experiencia, no solo en la fe y en la opinión.

Hinduismo, budismo y Dios

En el hinduismo, por ejemplo, no se puede ver a Dios como un ser añadido al mundo tal y como lo conocemos y, por ende, tampoco es idéntico al mundo. No se puede desentrañarlo con la razón. Solo se nos presenta por medio de una experiencia imposible de expresar con palabras o siquiera conceptos. El Brahmán es lo que no se puede decir con palabras, pero de lo que hablan las palabras por todas partes. También es lo que no se puede pensar con la mente, pero sobre ello puede pensar la mente en cualquier parte. Como lo dijera Kena Upanishad, en su libro *The Upanishads*: "Dios llega al pensamiento de los que lo conocen fuera del pensamiento, no de los que se imaginan que puedan alcanzarlo con su pensamiento. Es desconocido para el letrado y conocido por el sencillo. Se tiene conocimiento de él en el éxtasis de un despertar que abre la puerta de la vida eterna". Fantástico.

El budismo es esencialmente una religión psicológica. Más que rendirle un culto a un Dios, como se practica en las religiones monoteístas, el budismo se centra en ayudar a las personas a alcanzar su propia iluminación. Buda creía en la existencia de los dioses, ya que formamos parte de su bagaje cultural, pero no creía que fuesen importantes o útiles para la humanidad. Ellos estaban atrapados por el sufrimiento y el cambio; no lo habían ayudado a conseguir la tan anhelada iluminación. Pero a pesar de ello y en los momentos cruciales de su vida, como cuando decidió proclamar su mensaje, suponía que los dioses ejercían influencia en él y desempeñaban un papel activo. Buda creía que la realidad última del Nirvana, léase gozo, estado de plenitud o eliminación del dolor, estaba por encima de los dioses. Por ejemplo, cuando los budistas experimentaban un sentido de trascendencia en su meditación no creían que fuese la consecuencia del contacto con un ser sobrenatural. Estos estados son naturales en la humanidad; puede alcanzarlos cualquiera que vive de un modo correcto y que aprende las técnicas de yoga. Por eso Buda invitaba a sus discípulos a que se salvaran a sí mismos y no a que confiaran en un Dios.

En el Corán un infiel no es un ateo, es decir alguien que no cree en Dios, sino una persona desagradecida con Él, que puede ver con claridad lo que se le debe a Dios, pero se niega a honrarlo, llevado por un espíritu de ingratitud perversa.

> Un Dios personal se puede convertir en una carga pesada. Puede ser un simple ídolo esculpido a nuestra propia imagen, una proyección de nuestras necesidades, temores y deseos ilimitados. Podemos dar por supuesto que Él ama lo que nosotros amamos y odia lo que odiamos, atribuyéndole nuestros prejuicios en lugar de hacer que nos exija la superación de estos. Cuando nos parece que no es capaz de evitar una catástrofe o que incluso desea una tragedia, podemos llegar a pensar que es insensible y cruel. Creer que un desastre es voluntad de Dios puede llevarnos a aceptar cosas que son fundamentalmente inaceptables. También, un Dios personal puede resultar peligroso. En lugar de hacernos superar nuestras limitaciones, Él puede servirnos de estímulo para que nos acostumbremos a ellas; puede hacernos tan crueles, insensibles, autosuficientes y parciales como parece que Él lo es. En lugar de inspirar la misericordia que ha de caracterizar a cualquier religión desarrollada, puede exhortarnos a juzgar, condenar y marginar. Por consiguiente, parece que la idea de un Dios personal solo puede ser un estadio en nuestra evolución religiosa.

Como decía Tomás de Kempis, canónigo agustino del siglo XV, autor de *La imitación de Cristo*, uno de los libros más famosos de devoción cristiana: "¿De qué le sirve a uno hablar con erudición sobre la Trinidad si le falta humildad y, por tanto, ofende a la Trinidad? Prefiero con mucho sentir la contrición antes que ser capaz de definirla. Si uno se sabe la Biblia de memoria y todas las doctrinas de los filósofos, ¿de qué le sirve si no tiene la gracia y el amor de Dios?".

Emerson y Dios

"La religión norteamericana de la confianza en sí mismo" es obra de Ralph Waldo Emerson, quien señaló: "no te busques fuera de ti". Propuso una nueva religiosidad al margen de púlpitos y dogmas conservadores que considerara la divinidad del ser humano. Edward Larocque Tinker, analizando la obra de Emerson, sostenía sobre él:

> Emerson abandonó la fría y dura estrechez de la religión de sus antepasados, la cruel creencia en el pecado original, el infierno y la eterna condenación, en favor de una filosofía más benigna, aunque con tantos remiendos como el manto de un sacerdote budista. Su mente era de un gran discernimiento espiritual, y mientras leía a Platón, Goethe, Montaigne, Kant o Swedenborg, escribía en sus diarios y absorbía aquellas ideas que armonizaban con él. Con tales ideas tejió la urdimbre y trama de su imborrable creencia en Dios. Transformó la imagen del Dios de la venganza de sus antecesores en una deidad que fue todo comprensión, todo poder, y de una fuerza impersonal operando a través de la ley moral. El resultado no fue un almodrote exótico de incongruentes partículas de sabiduría, sino una justa y acabada filosofía de verdad a la vez que de mística nobleza [...] Emerson incorporó su nueva elaboración, su ideal filosófico de Dios, en un Ensayo sobre la naturaleza, su primer libro. Este fue una impecable rapsodia, bella y esotérica, del significado de la hermosura de la naturaleza y de la relación del hombre con ella. Predica la teoría de que el universo está compuesto de naturaleza y espíritu; que la naturaleza es la prolongación de Dios; que el hombre es parte de la naturaleza, y por lo tanto parte de Dios; y que, para obtener sabiduría, fuerza e inspiración, el hombre solo tiene que volverse hacia la naturaleza y vivir en armonía con ella.

Friedrich Nietzsche y Dios

A su madre, Franziska, no le cabía la menor duda de que su hijo tenía la capacidad de cumplir sus propios sueños y ambiciones y de seguir los pasos de su padre en la iglesia. La emoción que sentía el niño por la teología le permitió sacar notas excelentes en la asignatura. A los 12 años, y fervorosamente religioso, tuvo una visión de Dios en toda su gloria. Eso lo decidió a dedicar su vida a Dios. Nietzsche escribió:

> En todo, Dios me ha guiado sin peligro como un padre guía a su frágil hijo pequeño. Con convicción interior he decidido dedicarme para siempre a su servicio. Que el señor me dé fuerzas y capacidad para llevar a cabo mi propósito y me ampare en el camino de mi vida. Como un niño, me confío a su gracia: que Él nos proteja a todos y nos libre de infortunios. ¡Hágase su voluntad! Cuanto Él me conceda, lo aceptaré con alegría: la felicidad y la infelicidad, la pobreza y la riqueza, y con valentía miraré directamente a los ojos de la muerte que un día nos unirá a todos en la dicha eterna. Sí, amado Dios, que tu rostro nos ilumine por siempre, amén.

La historia sería muy diferente. Dominado por ese sentimiento religioso bastante convencional, en sus pensamientos íntimos se ocultaba una extraordinaria herejía. Un principio básico de la fe cristiana es que la santísima trinidad la forman Dios padre, Dios hijo, que es Jesucristo, y Dios Espíritu Santo. Pero el Nietzsche de 12 años no podía aceptar lo ilógico de esa estructura. Su razonamiento erigía una santísima Trinidad distinta. "Cuando tenía 12 años imaginé por mi cuenta una maravillosa Trinidad: Dios padre, Dios hijo y Dios demonio. Mi deducción era que Dios, pensando por sí mismo y creando a la segunda persona, tenía que pensar en su contrario, y por tanto tenía que crearlo. Así fue como empecé a filosofar".

Después, Nietzsche diría la ya famosa sentencia de "Dios ha muerto" y escribió un libro llamado *El Anticristo*. Criticó a la religión, al cristianismo, a los sacerdotes y manifestó: "Prefiero ser bufón que santo". Respetó, y a su particular modo, la figura de Jesucristo, por quien profesó admiración.

Luego de leer esto, me pregunto: ¿Quién es Nietzsche frente a la naturaleza, los milagros, la historia? ¿Apenas una brizna? ¿Una partícula de arena del desierto? ¿Una gota del mar? Como lo dijera Enrique López Castellón, prologuista del libro *El Anticristo*, de Nietzsche:

> En principio, no hay nada más desorientador que su propio título, ya que este podría sugerir que se trata de un ataque a la figura histórica de Cristo, cuando lo que critica duramente Nietzsche es la institucionalización del movimiento cristiano y, en concreto, la acción manipuladora de textos y dominadora de las conciencias realizada secularmente por una casta sacerdotal cuya delimitación en el tiempo trasciende el ámbito de una religión determinada.

Mensajes finales

Ya sabes que tengo una asesora espiritual, que oro varias veces al día y que voy a misa semanalmente como tantas personas; además, ayudamos a través de Invertir Mejor a algunas causas sociales. Pero ¿sabes qué? Eso aún es muy poco; siento que casi nada, si lo comparo con lo que otros hacen, o mejor aún, con lo que sé que puedo llegar a hacer, y puedes hacer tú también. La evolución espiritual que he tenido es un progreso frente a lo que fue mi pasado, claro.

Pero recuerda: conformismo cero. Me desahogo contigo y me pregunto al final de este libro cómo ser mucho más espiritual para sentir más cerca a Dios, su amor y presencia, y cómo lo podrías sentir más tú también. Una luz emana; más oración, seguramente; otra luz llega, ayudar y servir a cuantos más pueda.

Me siento lleno de Dios cuando contribuyo a transformar una vida; cuando contemplo un rostro que ya no tiene lágrimas de dolor sino de esperanza y felicidad; uno que ya no refleja dudas sino certezas; uno que tiene amor, y ya no odio.

Siento a Dios cuando recompongo pasados; cuando les digo a las personas que ese pasado no es un sofá en el que se sientan los perdedores a llorar y a lamentarse por lo que pudo haber sido y no fue, sino aquel trampolín con el que se impulsan los ganadores para superarse, llegar más lejos. Siento a Dios cuando les hago entender a las personas que mientras más haya golpeado el sufrimiento a sus puertas, más resilientes habrán de ser ahora. Siento a Dios en el silencio; cuando la magia de una melodía me facilita sumergirme en las profundidades de mi corazón, y lo escudriño y limpio con esmero, tal y como se limpia un cristal; siento a Dios cuando pido perdón, y cuando me depuro y me humillo; cuando me cuestiono y me critico; cuando dejo de ser yo, para ser quien quiera Dios que sea. Siento a Dios cuando confío; cuando la turbulencia se presenta y no me turba; cuando la "mala noticia" se presenta y solo veo lo bueno de ella, y sí que lo tiene, puedes estar seguro. Siento a Dios cuando ante un logro, no me embriaga la vanidad sino la humildad para dar gracias, para no creer que lo hice solo, para dar fe de que fui asistido, inspirado, iluminado por un ser infinitamente más grande que yo. Si es ahí donde siento a Dios, ya sabré cómo ser más feliz: hacerlo más veces, y mejor; en todo momento; tejer el mérito para ser bendecido y poder seguir recibiendo esa bendición. Si en tu interior hay una fuerte presencia de Dios, nunca más serás adicto a cosas externas. "No nos hacemos libres por negarnos a aceptar lo que está por encima de nosotros, sino por aceptar lo que está por encima de nosotros".

Ni la ropa, ni las casas, ni los viajes, me producen tanta satisfacción como ayudar a los demás. *La espiritualidad en el siglo XXI se llama servir.* Ayudar a cambiarle la vida a alguien es una actividad que me hace sentir un mejor ser humano. ¿A cuánta gente le estás cambiando la vida en la actualidad? ¿A pocos? ¿A muchos? Puedes hacerlo con tu talento, con tu experiencia y vocación por servir.

Ese es el reto que desde aquí te pongo: SER un inspirador ambulante y servir a muchas más personas de las que hoy sirves; con tu talento, con tu experiencia, con tus virtudes, con lo que te apasiona. A eso viniste al mundo: ¡A servir a los demás!

"Busca la felicidad de los demás y hallarás la tuya". El hombre más feliz del mundo es aquel que sabe reconocer los méritos de los demás y pueda alegrarse del bien ajeno como si fuera propio, en palabras de Goethe.

Que para cumplir el reto que te he puesto, tu cambio sea profundo, incesante y que establezca un nuevo piso, del que nunca más desciendas; que tus metas sean más altas y que estés consciente de que, por encima de las nubes, aún hay más nubes. No podrás sostener tu vuelo sin el combustible de la conversión interior, sincera y amorosa; no podrás alzar vuelo sin alas fuertes que te protejan tanto de ligeras como de azarosas turbulencias. "Lo que eleva a un ser humano no es la intensidad de un sentimiento elevado, sino lo que este dura". En palabras del mismo Goethe:

> El gusano que contempla envidioso el vuelo del águila de pronto queda envuelto en un torbellino y es llevado hacia arriba junto con el polvo. Allí puede sentirse también excelso, aunque por breve tiempo, hasta que el viento contiene la "respiración". El viento se hunde, y el gusano con él. Ahora se arrastra como antes.

Que seas águila y no gusano. ¡DECRÉTALO!
¿Cuándo nos conoceremos?
Que Dios te bendiga
Juan Diego Gómez Gómez